조선의 예술혼

조선 화가 32인의 삶과 예술

차례
Contents

책을 펴내며

장미꽃 향은 가장 추울 때 가장 진하다. 세상에서 제일 좋은 향수는 발칸 반도 산맥 기슭에서 매섭게 추운 날씨를 견디고 핀 장미에서 추출한다. 꽃을 피울 수 있는 북방한계선에서 혹독한 추위를 견뎌냈기에 그 향기는 깊고 강하다.

예술가는 발칸의 장미다. 예술가에게 시련과 역경 그리고 고난은 운명처럼 따라다닌다. 그것은 가난일 수도 있고, 고독일 수도 있고, 병일 수도 있다. 시련을 극복하고 예술의 꽃을 활짝 피운 예술가들이 바로 발칸의 장미이다. 예술가의 길은 멀고도 험하다. 로버트 프로스트의 시 〈가지 않은 길〉

처럼 남들이 가지 않은 길을 가야만 하는 사람이 예술가이다. 그 길은 피와 눈물과 땀을 요구한다. 그 고난의 길을 갔기에 훗날에 자랑스럽게 이야기할 수 있는 것이다. 남들이 가지 않은 길을 갔기에 모든 것이 달라졌다고.

조선 시대를 살았던 서른두 명 화가의 삶과 예술을 펼쳐 보았다. 예술가의 삶은 그 예술과 밀접하게 연결되어 있다. 예술가에게는 삶이 곧 예술이다. 그들이 추구했던 삶과 예술은 후세를 살아가는 우리에게 소중한 메시지를 준다. 진정한 행복이 무엇인지 가르쳐주고, 보람 있는 일이 무엇인지 일러주고, 예술이 주는 아픔과 기쁨도 깨닫게 해준다.

조선 오백 년 동안 수많은 화가들 중 특별한 삶과 예술 세계를 펼친 화가가 있었다. 조선을 붓으로 노래한 화가, 조선 최초의 프로페셔널 화가, 조선 제일의 스토리텔링 화가, 조선의 다빈치 화가, 조선의 르네상스를 연 화가, 조선을 문화 대국으로 만든 화가, 조선 시서화 삼절의 화가, 조선 최고의 인물화가, 조선 최고의 묵장화가, 조선 최고의 묵죽화가, 조선 종실 출신 화가, 조선 선비 출신 화가, 조선 노비 출신 화가, 서른에 요절한 천재 화가, 신선이 된 화가 등이다. 이들이 독자들에게 많은 이야기를 들려줄 것이다.

학교에서 '예술과 빵' '직업으로서의 예술'이란 강의를 했다. 예술가를 꿈꾸는 젊은이들에게 선배 예술가들의 예술혼을 깨닫게 해주기 위해 개설한 과목이다. 수업을 들은 학생들은 졸업 후 문예지 작가로 등단하기도 하고, 텔레비전 드라마 주인공이 되기도 하고, 영화 주연으로 출연하기도 하고, 뮤지컬 연기자가 되기도 하고, 무용 대회에서 큰 상을 받기도 했다. 이런 학생들이 있었기에 『조선의 예술혼』이란 책을 쓸 수 있었다. 책의 글은 딱딱한 전문서처럼 쓰지 않고 이야기를 곁들여 에세이처럼 쉽게 풀어쓰려고 노력했다. 특히 일화를 많이 넣어 흥미와 재미를 느끼도록 했다.

이 책은 예술가를 지망하는 학생에겐 사랑을, 예술을 가르치는 사람에겐 지혜를, 예술 창작하는 사람에겐 용기를 그리고 예술에 관심 있는 사람에겐 조선 예술의 숨결을 느끼게 해줄 것이다. 자, 이제 조선이 낳은 위대한 예술가 서른두 명을 만나보자.

〈고사관수도〉의 선비화가 인제 강희안

가파른 벼랑 밑으로 물이 흐른다. 바람이 분다. 물결이 인다. 나뭇잎과 나뭇가지가 흔들린다. 바위가 물 위로 솟았다. 수초가 무성하다. 물새 소리가 들린다. 한 선비가 커다란 바위 위에 두 팔로 턱을 괴고 엎드려 물을 바라보고 있다. 미소짓는 눈과 짙은 눈썹, 넓은 이마와 둥근 코, 인자한 입과 긴 수염, 그리고 동여맨 머리. 바람이 분다. 물결이 인다. 선비는 물을 계속 바라본다. 옅은 미소가 선비의 입가에 퍼진다.

'인제(仁齋)' 강희안(姜希顔, 1417~1464)이 그린 〈고사관수도(高士觀水圖)〉이다. '고사'는 고결한 선비라는 뜻이고 '관수'는 물을 본다는 뜻이다. 따라서 제목을 풀면 '고결한 선비가 물을 바라본다'가 된다. 이 그림은 강희안이 자신의 심경(心境)을 그린 작품이다. 그림의 크기는 세로 23센티, 가로 15센티로 아주 작다. 그런데 이 그림을 인쇄물로 대하면 100호 크기의 큰 그림으로 착각한다. 그림에서 풍기는 아우라가 크기 때문이다. 노자의 『도덕경』에 물 이야기가 나온다. "가장 훌륭한 것은 물처럼 되는 것이다. 물은 모든 것을 섬길 뿐이다. 그것들과 다투지 않는다. 모두가 싫어하는 낮은 곳으로 흐를 뿐이다. 그래서 물은 도에 가장 가깝다(上善若水 水善利萬物而不爭 處衆人之所惡 故幾於道)." 또한 공자는 "지혜로운 자는 물을 좋아하고, 어진 자는 산을 좋아한다(智者樂水 仁者樂山)"라고 했다. 노자의 물과 공자의 물은 같다. 가장 선하고 가장 지혜로운 것이 물이다. 〈고사관수도〉는 바로 이러한 물의 진리를 깨닫게 해준다.

서양 그림 중에도 물을 바라보는 그림이 있다. 16세기 이탈리아 화가 카라바조(Michelangelo da Caravaggio, 1573~1610)가 그린 〈나르키소스의 사랑〉이다. 그리스 신화에 나오는 이야기를 그림으로 그린 것이다. 한낮에 사냥하다 지친 나르키소스는 물을 마시러 숲속의 샘으로 갔다. 물을 마시던 그는 물에 비친 아름다운 모습에 그만 넋을 잃고 만다. 물에 비친 자신의 모습에 도취된 것이다. 그 모습을 잡으려고 물에 손을 댔더니 이내 사라졌다. 또다시 물에 손을 댔다. 또다시 사라

강희안, 고사관수도(국립중앙박물관 소장)

졌다. 계속 반복했고 계속 사라졌다. 나르키소스는 그 안타
까움에 끝내는 병들어 죽고 말았다. 죽은 자리에 한 송이 꽃
이 피어났다. 바로 이 꽃이 나아시서스, 수선화이다.[1] 그래서
수선화 꽃말이 자기 사랑이다. 〈고사관수도〉에서 선비가 물
을 바라보는 것과 나르키소스가 물을 바라보는 것은 다르다.
앞의 것은 자신을 비운 모습이라 보는 사람의 마음을 편하
게 해준다. 반면 뒤의 것은 자신에 집착한 모습이라 보는 사

람의 마음을 안타깝게 만든다. 나는 〈고사관수도〉를 무척 좋아한다. 그래서 국립중앙박물관에서 이 그림엽서를 구해 내 연구실 책꽂이에 세워놓았다. 마음이 들떠 있을 때 바라보면 흥분된 마음이 차분히 가라앉는다. 강희안의 고사관수도가 주는 묘미다.

강희안은 조선 전기의 화가로 학문연구기관인 집현전의 직제학을 지냈다. 또한 시서화에 뛰어나 삼절(三絶)이라 불렸다. 강희안이 죽고 나서 작성한 행장(行狀)을 보면 그의 삶이 어떠했는지 알 수 있다. 행장은 죽은 사람이 평생 살아온 이야기를 다른 사람이 기록한 글이다. 행장에는 다음과 같은 내용이 적혀 있다.

강희안은 이미 두세 살 때 담장이나 벽에 붓으로 글씨를 쓰거나 그림을 그리기 시작했다. 학문 공부에 매진해 진사시에 합격하고 식년 문과에 급제해 돈령부주부가 되었다. 그 후 예조좌랑, 집현전 직제학, 이조 참의, 호조 참의, 황해도 관찰사, 가선대부(嘉善大夫, 종2품), 인수부윤(仁壽府尹, 정2품)까지 지냈다. 말년에는 단종복위운동에 가담했다는 혐의로 크게 고초를 겪었다. 단종복위운동은 단종이 숙부인 수양대군에게 폐위되자 성삼문 등 사육신이 주동이 되어 복위를 시도했던 거사를 말한다. 수양대군은 나중에 세조가 되어 이 사건을 다시 철저히 조사해 관련자들을 처형했다. 강희안의 친구였던 성삼문은 임금에게 간곡히 호소해 강희안은 간신히 목숨을 건졌다. 그 후, 강희안은 안타깝게 마흔여섯 살에 병이 들어 세상을 떠나고 말았다.

강희안의 문장과 문체 그리고 그림은 그 시대에 독보적이었다. 특히 문장이 뛰어나 〈용비어천가〉에 주석을 붙일 정도였다. 또한 집현전 시절에는 정인지, 최항, 박팽년, 신숙주, 성삼문, 이개, 이선로 학사와 함께 훈민정음해례본을 만들어 한글 창제에 큰 공을 세웠다. 많은 사람이 강희안의 작품을 갖고 싶어 했다. 그러나 강희안은 자신의 작품이 세상에 전해지는 것을 무척 싫어했다. 그래서 후손들에게 이렇게 당부했다. "글과 그림은 천한 재주다. 후세에 전해지면 내 이름을 욕되게 한다(書畵賤技 流傳後世 秖以辱名耳)." 강희안의 이런 유언 때문에 아쉽게도 그의 작품은 찾아보기 힘들다.

아, 〈몽유도원도〉 현동자 안견

"〈몽유도원도(夢遊桃源圖)〉는 참 위대한 걸작입니다. 그림 폭이 3척 정도의 세밀화인데 서명한 사람이 안견이 분명하고 그림 앞부분에 안평대군 친필 찬시(親讚)와 그림 뒷부분 삼사십 척 종이에 김종서, 정인지, 신숙주, 성삼문, 박팽년, 서거정 등 이십여 인의 발문(跋文)이 있는데 모두 서명 날인이 명확합니다. 이것은 조선에 있어서 둘도 없는 국보입니다. 이번 명화전(名畫展)의 최고 호평입니다. 일본 문부성에서 국보로 내정되고 가격은 삼만 원 가량이랍니다. 내 전 재산을 들여서라도 이것을 내 손에 넣었으면 하고 침만 삼키고 있습니다. 〈몽유도원도〉는 안평대군이 꿈에 본 도원을 안견에게 그리라고 한 것인데 나는 이것을 수십 차례 보면서 단종애사를 다시 읽게 되었습니다. 이것만은 꼭 내 손에 아니 조선 사람 손에 넣었으면 합니다."

위의 글은 1931년 4월 12일 「동아일보」에 실린 기사이다. 당시 조선미술관을 운영했던 오봉빈이 도쿄 우에노미술관에서 개최한 조선명화전람회를 관람했는데, 마침 한 일본인이 소장하고 있던 안견의 〈몽유도원도〉가 전시되어 있는 것을 보고는 급히 「동아일보」에 기고해 조선인이 이 그림을 서둘러 구입해야 한다고 간절하게 호소한 글이다.[2]

안견, 몽유도원도

〈몽유도원도〉를 그린 현동자(玄洞子) 안견(安堅, 생몰 미상)에 대한 자세한 기록은 없다. 단지 조선 전기의 인물로 도화원(圖畵院)의 화원이었다고만 기록되어 있을 뿐이다. 도화원은 그림 그리는 일을 담당하는 관청인데 도화원의 도(圖)는 국가 행사를 기록하거나 복식을 묘사한 그림이며, 화(畵)는 왕실의 초상화나 산수, 화조를 그린 그림을 뜻한다. 도화원의 화원은 관직이 낮았으나 사대부 양반들과 친분을 맺었다. 사대부들이 화원의 그림을 원했기 때문이다. 안견은 세종대왕의 셋째 아들인 안평대군을 가까이 섬겼다. 또한 안평대군은 안견을 극진히 아꼈다. 안평대군은 학문과 예술에 뛰어난 사람인데 수양대군의 정치적 야망 때문에 안타깝게도 죽음을 당했다.

안평대군이 어느 날 꿈을 꾸었다. 집현전 학사였던 박팽년과 함께 무릉도원에 다녀온 꿈이었다. 무릉도원은 '복숭아꽃이 핀 마을'이란 뜻으로 중국 진나라 시인 도연명의 '도화원기(桃花源記)'에 나오는 이상향이다. 내용은 다음과 같다.

무릉(武陵)의 한 어부가 길을 잃고 헤매다가 복숭아꽃이 핀 숲에서 어떤 마을을 발견했다. 그 아름다운 마을에 묵으면서 사람들로부터 극진한 대우를 받고 집으로 돌아왔다. 시간이 많이 흘렀고 어부는 그 마을이 그리워졌다. 다시 산속의 그 마을을 찾아갔다. 그러나 아무리 찾아도 찾을 수가 없었다. 정말 꿈과 같은 이야기다. 안평대군은 안견을 불러 꿈속에서 본 무릉도원 모습을 자세히 들려주며 그림을 그리라고 했다. 안견은 들은 대로 정성을 다해 그림을 그렸다. 불과 사흘 만에 〈몽유도원도〉를 완성했다. 그림을 본 대군은 대단히 만족하며 '夢遊桃源圖'라는 제발(題跋)을 비롯해서 이 그림이 어떻게 해서 그려진 것인지 설명하는 발문(跋文)과 그림을 찬탄하는 찬시(讚詩)까지 써서 붙였다. 또한 당대 이름을 날리던 집현전 학자들 스물한 명도 그림에 찬시를 줄줄이 붙였다. 〈몽유도원도〉의 본 그림은 가로 106센티, 세로 38센티인데 스물한 명의 찬시까지 합치니 길이가 무려 20미터나 되었다.

이 그림은 안평대군이 세상을 떠난 후 그 후손의 손에 들어갔는데 어떻게 되었는지 일본으로 반출되었다. 조선의 문화재 수집가였던 간송 전형필은 〈몽유도원도〉에 대한 오봉빈의 간절한 호소를 듣고 구입하려고 많은 애를 썼다. 그러나 뜻을 이루지 못했다. 당시 그림 값은 서울의 기와집 서른 채 가격으로 어마어마한 액수였다. 현재 〈몽유도원도〉는 안타깝게도 일본 덴리대학(天理大學) 도서관에 있다.[3] 많은 사람이 입을 모아 말한다. 우리나라 국보 1호는 〈몽유도원도〉라고. 그런 국보 1호가 일본에 있다니 정말 통탄할 노릇이다.

미술평론가 오주석 선생은 조선의 옛 그림 가운데 가장 귀한 작품 하나만 고르라고 하면 〈몽유도원도〉를 택하겠다고 했다. 그는 "〈몽유도원도〉는 한 편의 장대한 교향시로 그림을 펼치는 순간, 무릉도원이 황홀하게 나타나는데 마치 궁중 악사들이 일제히 합주하는 것과 같다"라고 했다.[4]

그림 속으로 들어가 보자. 그림의 왼쪽은 현실 세계이다. 그곳에서 계곡을 건너면 높은 산이 줄줄이 나타난다. 그 산봉우리 사이로 좁은 산길이 위태로울 정도로 구불거린다. 그 길을 따라 올라가면 동굴이 나타난다. 동굴을 빠져나오면 다시 산길이 나온다. 그 산길을 따라 더 높이 올라가면 폭포가 굽이쳐 흘러내린다. 폭포 아래 개울을 건너면 복숭아꽃이 활짝 핀 마을이 펼쳐진다. 이곳이 바로 도원이다.

안견이 그린 몽유도원이 서울에 실제로 있었다. 바로 종로구 부암동 자하문 밖 서쪽 골짜기에 있던 무계동이다. 그곳은 경치가 무척이나 아름다워 도연명의 무릉도원 계곡처럼 생겼다고 해서 그렇게 이름을 붙였다. 지금도 '武溪洞'이라 새겨진 큰 바위가 있다. 안평대군은 이곳에 무계정사를 짓고 산책하며 꿈에 본 몽유도원을 그리워했다.[5]

노비 출신 도화서 화원 학포 이상좌

'학포(學圃)' 이상좌(李上佐, 생몰 미상)는 조선 전기 때 활동한 도화서 화원이다. 명종 때의 학자 어숙권이 지은 『패관잡기(稗官雜記)』에 의하면 이상좌는 본래 어느 양반집 노비였다고 한다. 『패관잡기』는 우리나라 각종 설화와 시화를 모아 해설을 붙인 책으로 '패관'은 임금이 민간의 풍속이나 정사를 살피기 위해 항간에 떠도는 이야기를 모아 기록하던 벼슬이다.

이상좌는 어렸을 때부터 그림에 소질이 뛰어났고, 중종이 이를 알아차리고 어명을 내려 도화서 화원이 되었다고 한다. 그의 아들 이흥효 역시 화원이었는데 명종의 어진을 잘 그려 임금이 직접 수문장 벼슬을 내리기도 했다. 수문장은 궁궐이나 성의 문을 지키던 무관 벼슬이다. 또한 조선 중기 화단에서 크게 활약해 그 유명한 〈죽하관폭도(竹下觀瀑圖)〉와 〈수향귀주(水鄕歸舟)〉를 그린 이정(李楨)도 이상좌의 손자이다. 이렇게 이상좌의 집안 3대는 모두 조선 미술을 빛낸 훌륭한 화가들이었다.

여기서 잠깐 조선 시대 노비에 대해 살펴보자. 노비인 이상좌가 중종의 어명으로 도화서 화원이 되었다는 것은 무척 놀라운 일이다. 노비는 종(從), 천구(賤口) 등으로 불렸는데 공민권이 없어 벼슬길에 나갈 수도 없었고, 노비의 자식들은 대대로 노비가 되었다. 노비 중에는 본래 양인이었으나 먹고 살기가 힘들어 노비로 전락한 이들도 많았다. 개인이 소유한 사노비는 솔거노비와 외거노비로 나뉘는데 솔거노비는 주인집 행랑채에서 가족과 함께 살면서 갖가지 힘든 일을 했다. 노비 중에는 주인에게 학문을 배워 신분을 감추고 과거에 합격하는 일도 있었다. 중종 때 형조판서를 지낸 반석평은 어떤 재상의 종이었는데 반석평의 재주와 성품을 갸륵하게 여겨 재상이 글을 가르쳤으며, 아들 없는 부잣집에 양자로 보내 공부할 수 있도록 했다. 그 결과 반석평은 문과에 급제했고, 덕망 높은 재상까지 되었다.[6]

이상좌도 자세한 기록은 없지만 조상은 양인이었으나 먹

고사는 것이 힘들어 노비로 전락했을지도 모른다. 아니면 어떤 재상집에 양자로 들어갔다가 재상이 이상좌의 그림 재능을 보고는 중종 임금에게 추천해 도화서 화원이 되었을지도 모른다.

그의 작품으로는 국립중앙박물관 소장 『화원별집』에 들어있는 〈박주삭어(泊舟數魚)〉, 일본 야마모토문화관(大和文華館)이 가지고 있는 〈파교심매도(灞橋尋梅圖)〉, 삼성미술관 리움이 소장하고 있는 〈이상좌 불화첩(李上佐佛畫帖)〉, 일본 지온인(知恩院)이 가지고 있는 〈관음32응신도(觀音32應身圖)〉를 들 수 있다. 또한 중국 한나라 때 편찬된 『열녀전』을 우리말로 번역해 삽화를 그렸는데 그 삽화 작업에 이상좌가 참여했다고 하고, 한양 기녀 상림춘의 요청으로 〈산수인물도〉를 그렸다고도 한다. 뿐만 아니라 중종의 어진을 그리는 데 참여했고, 공신들의 초상도 그렸다고 전한다. 그런데 이상좌가 그렸다고 확인된 작품은 국내는 물론 국외에도 없다. 작품 모두가 '전칭작(傳稱作)'이다. 전칭작은 '그렸다고 전해지는 작품'이란 뜻이다. 그래서 이상좌의 모든 작품 앞에는 전할 '전(傳)' 자가 붙어있다. 예를 들면 〈송하보월도〉에는 '송화보월도 전(傳) 이상좌'라고 붙어있다. 이상좌의 작품으로 전해지는 작품들에 대해 살펴보자.

이상좌, 송하보월도(국립중앙박물관 소장)

먼저 〈송하보월도(松下步月圖)〉를 들여다보자. 세로의 길이가 거의 2미터나 되는 이 그림은 산수 인물도로 미술 전문가들이 하나같이 명작이라고 격찬하는 작품이다.

캄캄한 밤, 험하고 가파른 벼랑이 있다. 그 벼랑 중간에 기가 막히게 멋있는 소나무 한 그루가 있다. 소나무는 용이 하늘로 막 승천하려는 모습 같기도 하고, 자신을 맘껏 자랑하려고 춤을 추는 듯하며, 어떻게 보면 손과 다리 그리고 목이 직각으로 꺾어진 좀비의 무서운 모습 같기도 하다. 더구나 소나무 가지에는 넝쿨이 여기저기 달라붙어 바람에 흔들려 을씨년스럽기조차 하다. 정말 기기묘묘한 소나무다. 그 소나무 위로는 둥그런 달이 휘영청 밝게 떠 있다. 소나무 아래에는 한 선비가 거닐고 있다. 뒤따르는 동자는 선비의 지팡이를 들고 있다. 이상좌는 〈송하보월도〉로 안견 이후 조선 전기의 최고 화가로 인정받았다.

다음으로는 『이상좌 불화첩(李上佐佛畫帖)』을 살펴보자. 이 그림은 가로 31센티, 세로 50센티의 그림책으로 여러 가지 불상 그림이 들어있다. 십육나한을 그렸을 것으로 추정하는데 현재 전해지는 것은 다섯 작품뿐이다. 이 그림은 나한의 모습을 붓에 검정 먹을 묻혀 빠른 속도로 스케치한 작품이다. 영감을 받아 떠오른 이미지가 흐려지기 전에 바로 서둘러 기록하려고 했던 것 같다. 나한은 아라한으로 불교에서 수행자가 오를 수 있는 가장 높은 단계를 말한다. 부처님의 제자 중 부처의 경지에 오른 열여섯 명의 제자를 십육나한이라 하는데 나한은 신통력을 지니고 있어 인간의 소원을 들어준다고 해서 믿음의 대상이 되었다.

이상좌는 그림의 밑바탕을 우선 흐린 먹으로 그리고 그 위에 진한 먹으로 칠했다. 나한이 걸치고 있는 가사를 크고 작은 곡선으로 어지럽게 붓을 놀려 나한의 신비로움을 더욱 극대화했다. 반면 나한의 얼굴은 가는 붓으로 세밀하게 그려 불공을 드리는 사람의 마음을 꿰뚫어 보는 듯한 느낌을 주었다. 나한도를 볼 때마다 예사롭지 않은 기운이 느껴진다. 이는 이상좌만이 가진 독특한 필력 때문이다.

조선 시대의 훌륭한 명작들이 외국에서 돌아오지 못하고 있다. 특히 일본이 많이 가져갔는데 임진왜란과 일제강점기 때 약탈해 간 것이다. 훔쳐 간 작품들을 찾아와야 한다. 이상좌의 〈파교심매도〉와 〈관음32응신도〉가 어서 조선으로 돌아가고 싶다고 일본 땅에서 울고 있다. 한겨울 매화를 찾아가는 노인도 말 위에서 울고 있고, 금강대좌에 앉아 있는 관세음보살도 울고 있다.

조선의 빛을 그리다 신사임당

　　우리나라 오만 원권 지폐에는 신사임당(申師任堂, 1504~1551)
초상이 있다. 이 그림은 서울대 미대 학장을 지낸 이종상이
스승인 이당 김은호의 신사임당 표준영정을 바탕으로 그렸
다. 그리고 초상 왼쪽에는 사임당이 그린 〈묵포도도(墨葡萄
圖)〉가 있다. 신사임당을 지폐 인물로 선정한 이유에 대해 한
국은행은 "우리 사회의 양성평등 의식 제고와 여성의 사회
참여에 긍정적으로 기여하고, 문화 중시의 시대정신을 반영
하기 위해서"라고 했다. 참으로 예술적이지 못한 설명이다.
또한 오천 원권 지폐에는 오죽헌 배경의 이율곡 초상이 있
다. 화폐 뒷면에는 사임당의 〈초충도(草蟲圖)〉가 있는데 수박

넝쿨, 맨드라미, 나비가 그려져 있다. 지폐에 어머니와 아들이 함께 들어가 있는 나라는 아마 우리나라가 유일할 것이다.

신사임당의 이야기를 소재로 한 〈사임당, 빛의 일기〉란 드라마가 방영된 적이 있다. 현대와 조선 시대를 넘나들며 사임당의 예술혼과 사랑을 그린 드라마였다. 사임당 역에 이영애 씨, 그리고 이겸 역엔 송승헌 씨가 출현해 시청자들로부터 많은 사랑을 받았다. 현모양처로 굳어진 신사임당의 모습을 현대적으로 새롭게 해석해보고자 한 획기적인 시도였다.

그녀는 조선 중기 화가로 호는 사임당이다. 외가가 있는 강릉에서 태어나 그곳에서 자랐다. 어려서부터 『사서삼경』을 비롯해 많은 글을 읽었고 바느질과 자수, 시가와 산문, 글씨와 그림에 놀라운 재주를 보였다. 일곱 살에는 안견의 작품을 모방하여 그림을 그렸다고 전한다. 열아홉 살에는 한양에 있는 이원수와 혼인했는데 얼마 되지 않아 부친이 세상을 떠났다. 사임당은 강릉에서 부친의 삼년상을 치르고 남편이 있는 한양으로 올라갔다. 그 후 늙은 어머니가 병들었다는 소식을 듣고 어머니를 돌보기 위해 다시 강릉으로 내려왔다. 머나먼 천 리 길을 여러 번 오고 갔다. 그녀는 어린 아들 손을 잡고 험준한 대관령 길을 굽이 돌 때마다 어머니가 계신 곳을 바라보며 슬퍼했다. 이때 지은 시가 아직도 전해온다. "늙으신 어머니를 고향에 두고 외로이 한양으로 가는 이 마음 이따금 머리 들어 어머니 계신 북평을 바라보니 푸른 산 위에 흰 구름만 떠 있구나." 어머니를 향한 그리움이 절절하다.

신사임당의 그림은 문신 소세양에 의해 소개되기 시작했다. 소세양은 형조판서, 병조판서, 이조판서를 거쳐 우찬성(의정부의 종1품)이 된 인물이다. 그는 사임당의 산수화에 직접 시를 써넣었다. 그리고 최고의 문장가이며 영의정을 지낸 이경석도 발문을 적어 넣었다. 그 산수화는 병풍화로 현재 국립중앙박물관에 소장되어 있는데 바다와 산을 고즈넉이 그려 넣은 작품이다. 해지는 저녁, 바다 건너 멀리 높고 낮은 산들이 첩첩이 보이고 사공이 홀로 돛단배를 저어 바닷가 마을로 가는 풍경으로 마음이 차분히 가라앉는 그림이다. 사임당은 산수화로 이름을 빛내기 시작했다. 우암 송시열도 사임당의 난초 그림을 보고 발문을 적었고, 그 밖에 많은 문장가가 그녀의 그림에 제문과 발문을 달아 칭송했다.[7]

사임당은 초충도를 많이 그렸다. 초(草)로는 대나무, 오이, 가지, 수박, 포도, 참외, 매화, 난초, 맨드라미를 그렸고, 충(蟲)으로는 벌, 나비, 잠자리, 사마귀, 여치, 귀뚜라미, 개구리, 굼벵이를 그렸다. 사임당은 이 작은 생명들과 늘 가까이 지냈다. 자세히 관찰하기도 하고, 벗이 되어 주기도 했다. 또 그들은 기꺼이 사임당의 그림 소재가 되어 주었다.

미술 전문가들은 신사임당의 대표 작품으로 〈수박(水瓜圖)〉을 꼽는다. 그림 한복판에 커다란 수박이 놓여 있는데 넝쿨 줄기와 잎 그리고 꽃은 마냥 싱싱하다. 싱싱한 생명력으로 신나게 춤춘다. 그 환호 소리가 들리는 듯하다. 꿀 향기를 맡은 벌들이 잉잉 소리를 내며 사방에서 날아든다. 작은 수박도 여린 넝쿨로 땅바닥을 부드럽게 쓰다듬는다. 사마귀 한 녀석이 더듬이를 앞세우고 어디론가 부지런히 가고 있다. 이 그림에는 혜곡 최순우 선생의 말대로 벌레 한 마리, 꽃 한 송이까지 조선 여성들만이 느낄 수 있었던 섬세하고도 세련된 애정이 그대로 들어 있다.[8]

사임당은 매화도 무척 좋아했다. 그래서 딸 이름을 매창이라 지었고, 오죽헌에 매화나무도 심었다. 또한 아들 이율곡이 사용하던 벼루에 매화를 그려 넣기도 했다. 그리고 매화 그림을 즐겨 그렸다. 사임당에 관한 몇 가지 일화가 전해 온다.

어느 날, 사임당은 온갖 정성을 다해 그림 한 편을 완성하고 아직 젖어 있는 그림을 말리려고 햇볕에 내놓았다. 그랬더니 마당의 닭들이 몰려와 그림을 쪼았다. 닭들이 그림을 쫀 까닭은 그림 속의 벌레를 진짜 벌레인 줄 알았던 것이다.[9] 그래서 그림에 송송 구멍이 나고 말았다. 그만큼 사임당은 그림을 사실적으로 그렸다. 마치 신라의 솔거가 황룡사 벽에 소나무를 그려 놓았더니 새들이 진짜 소나무인 줄 알고 내려와 앉다가 벽에 부딪혀 죽었다는 이야기와 비슷하다.

이런 이야기도 있다. 사임당이 마을 잔치에 초대받아 갔는데 하인이 국을 나르다 어느 부인의 치맛자락에 걸려 넘어지면서 그 치마에 국을 쏟았다. 부인은 어쩔 줄 몰라 했다. 그 치마는 빌려 입은 것이었다. 그때 사임당이 그 치마를 벗어 달라 하고는 붓을 들어 치마폭에 멋진 그림을 그려 넣었다. 순식간에 국물 자국이 예술 작품으로 변했다. 부인은 그 치마를 적지 않은 돈을 받고 팔았고, 옷을 빌려준 사람도 충분히 보상을 받았다.[10] 무척 과장된 이야기지만 사임당의 그림 솜씨를 말해주는 스토리이다.

신사임당은 조선의 빛을 그린 훌륭한 예술가이다. 이젠 현모양처의 이미지에서 벗어나야 한다. 아니 벗어나게 해줘야 한다. 예술가로 새롭게 해석하고 재조명하여 조선 미술의 최고봉인 삼원삼재(三園三齋, 단원 김홍도, 혜원 신윤복, 오원 장승업, 겸재 정선, 관아재 조영석, 현재 심사정)와도 견줄 수 있어야 한다.

조선 최고의 묵죽화가 탄은 이정

이정(李霆, 1554~1626)은 조선 중기 화가로 자는 '중섭(仲燮)'이고 호는 '탄은(灘隱)'이다. 중섭은 서양화가 이중섭(李仲燮)의 한자 이름과 똑같다. 그래서 더욱 반갑다. 신사임당 초상이 그려져 있는 오만 원권 지폐 뒷면에는 이정의 작품이 들어있다. 지폐의 그림을 자세히 보면 앞에는 어몽룡의 〈월매도(月梅圖)〉가 있고, 바로 뒤에 이정이 그린 〈풍죽도(風竹圖)〉가 있다. 우리나라 최고액권 화폐에 이정의 그림이 들어갔다는 것은 문화 예술적으로 그 의미가 깊다. 물론 같은 시대의 예술가들을 함께 묶어 놓았다는 것에 의미가 있지만 이정의 작품이 다른 화가 작품보다 더 인정을 받았다는 것에 또 다른 의미를 둘 수 있다.

그는 조선 4대 임금인 세종의 현손인 익주군의 아들이다. 따라서 세종의 5대손이 된다. 종실 자손이라 처음에는 석양감(石陽監)에 봉해졌으나 다시 석양정(石陽正)으로 그리고 후에 석양군(石陽君)으로 승격되었다. '감(監)'은 왕실 종친부에서 부여한 정6품 벼슬이고, '정(正)'은 가까운 왕실 종친에게 주는 정3품 작호이며, '군(君)'은 왕의 종친이나 외척에게 부여한 작위이다.

이정은 시서화 삼절로 명성이 높았으며 조선 3대 묵죽화가 중 한 사람이기도 하다. 묵죽뿐만 아니라 묵란, 묵매에도 뛰어난 기량을 보였다. 이정의 생애에 대해 전해지는 기록은 거의 없다. 다만 왕실 자손이었으므로 어렸을 때는 한양에서 자랐을 것으로 추정한다. 임진왜란이 끝난 후 이정은 충남 공주로 내려갔다. 그곳에는 집안 대대로 물려받은 논밭이 있었다. 그의 증조부는 임영대군으로 계유정란 때 형 수양대군을 도와 왕위 찬탈을 도운 공로로 세조로부터 많은 땅을 부여받았다. 조상을 잘 둔 덕분에 이정은 공주 땅에서 그림을 그리며 여유롭게 살았다. 그가 살던 곳이 탄천(灘川)이란 지역인데 그의 호 '탄은(灘隱)'은 이 지역에서 유래한다.

이정은 공주에 월선정(月仙亭)을 지었다. 그리고 월선정 뜰에 대나무 천 그루를 심었다. 대나무를 무척 사랑했기 때문이다. 그곳에서 수많은 묵죽화를 그렸고 월선정은 묵죽화의 산실이 되었다. 여기서 그린 작품들을 엮어 만든 화첩이 그 유명한 『삼청첩(三淸帖)』이다. 삼청은 사군자 중 국화를 뺀 대나무, 매화, 난을 의미하며, 모두 조선 선비의 덕목을 상징한다. 또한 도교에서 신선이 산다고 하는 옥청, 상청, 태청을 일컫는 말이기도 하다. 『삼청첩』에는 모두 스무 개의 작품이 수록되어 있는데 대나무 그림이 열두 작품이나 된다.

이정은 임진왜란 때 왜적이 휘두른 칼에 오른쪽 팔뚝이 거의 끊어질 뻔했다. 팔의 부상은 그림 그리는 화가에게 치명적이다. 그렇지만 이정은 이러한 극심한 장애를 극복하고 조선 미술사에 찬란히 빛나는 작품을 남겼다. 베토벤의 스토리와 비슷하다.

베토벤의 주옥같은 명곡들은 그의 귀가 거의 들리지 않게 되었을 때 작곡되었다. 교향곡 제5번 '운명', 교향곡 제6번 '전원', 피아노 협주곡 제5번 '황제' 등의 손꼽히는 명작들이 가장 고통스러운 시기에 탄생한 것이다. 베토벤은 나무막대기를 입에 물고 반대쪽 끝을 피아노 속에 넣어 미세한 소리를 들으며 작곡했다. 진동의 크기로 음을 식별한 것이다.[11] 이정은 움직이지 못하는 팔로 바람에 기울지언정 결코 꺾이지 않는 풍죽을 그려 풍죽도의 최고봉이 되었다.

또한 그는 다양한 모습의 대나무 그림을 그렸다. 가는 대나무 그림은 세죽도(細竹圖), 큰 대나무 그림은 왕죽도(王竹圖), 바람을 맞고 있는 대나무 그림은 풍죽도(風竹圖), 눈이 쌓인 대나무 그림은 설죽도(雪竹圖), 비 맞은 대나무 그림은 우죽도(雨竹圖)라고 한다.

한겨울 설죽(雪竹)을 보면 마음이 정갈해진다. 푸른 대나무 줄기와 잎새 위로 새하얀 눈이 쌓인 모습은 아무 때나 볼 수 없다. 눈이 수북이 쌓여야만 볼 수 있다. 눈이 살짝 쌓인 모습도 좋지만 무겁게 쌓인 눈을 지고 굽히지 않는 모습도 좋다. 그래서 설죽은 사람을 숙연하게 만든다. 이정의 〈설죽도〉는 검은 먹으로 눈 쌓인 대나무를 그렸는데도 조선 선비가 지닌 정갈하고도 의연한 모습이 깨끗하게 드러난다. 설죽을 얘기하니 갑자기 백석의 시 「남신의주 유동 박시봉방」의 마지막 구절에 나오는 "쌀랑쌀랑 소리도 나며 눈을 맞을, 그 드물다는 굳고 정한 갈매나무"가 생각난다. 설죽과 갈매나무가 내 머릿속에서 오버랩된다.

한편 풍죽(風竹)은 바람이 강하게 불어야 볼 수 있다. 내가 몸담은 학교에서는 교정 곳곳에 대나무를 많이 심어 놓았다. 학교의 창학 이념이 한국 전통 예술을 현대적으로 새롭게 창조하는 것이다. 학생들이 캠퍼스 생활을 하는 동안 한국적인 것을 내면화하여 한국적인 작품을 만들게 하려는 의도로 대나무를 심은 것이다. 나는 가끔 바람이 심하게 부는 날에는 학생들에게 대나무 숲에 들어가 그 바람 소리를 들으라고 한다. 나 또한 그런 날에는 연구실 밖으로 나가 바람에 흔들리는 대나무를 구경하고 대나무 숲을 지나는 바람 소리에 귀를 기울인다.

법정 스님이 계셨던 송광사 불일암 주변에는 대나무가 숲을 이루고 있다. 스님은 그 대나무 숲에서 불어오는 맑은 바람 소리를 즐겼다. 그래서인지 스님의 글에서는 늘 정신을 맑게 깨우는 대나무 바람 소리가 들리는 듯하다. 이정의 〈풍죽도〉를 보면 바람에 견디는 대나무 모습이 움직이는 동영상처럼 그려진다. 가까운 대나무는 진한 먹으로 그렸고, 좀 떨어진 대나무는 흐린 먹으로 그려 사실적인 효과를 더했다. 특히 바람에 흔들리는 대나무 줄기와 잎의 모습은 눈으로 보는 것보다 더 정밀해 보는 사람에게 깊은 감동을 준다. 많은 사람들이 그의 〈풍죽도〉를 칭송하는 글을 남겼다.

또한 이정은 검정 비단에 금가루 물로 대나무와 난초를 그리기도 했는데 그것이 바로 〈니금세죽도(泥金細竹圖)〉 〈니금난도(泥金蘭圖)〉이다. 비싼 금가루로 그림을 그린다는 것은 가난한 화가에게는 상상조차 할 수 없는 일이다. 〈니금세죽도〉는 이정이 경제적으로 어느 정도 여유로웠다는 것을 말해준다.

바람이 거세게 부는 날에 가보고 싶은 곳이 있다. 전남 담양의 대나무 숲이다. 그곳에서 세죽과 왕죽이 내는 맑고 시원한 댓바람 소리를 온몸으로 느끼고 싶다.

열세 살에 장안사 벽화를 그리다 **나옹이정**

몇 해 전, 해외에서 환수된 우리 문화재가 서울에서 전시된 적이 있었다. 외국에 흩어져 있던 우리 문화재 20여 점을 공개한 것이다. 그중 이정의 〈죽하관폭도(竹下觀瀑圖)〉가 포함되어 있었다. 이른 아침 한 선비가 대나무 우거진 숲 밑에 서서 절벽 아래로 힘차게 떨어지는 폭포를 지그시 바라보는 그림이다. 대나무와 바위 그리고 폭포와 물이 선비와 잘 어우러져 단아한 풍경을 만들었다. 그림 속의 선비는 마치 신선 같다. 이정의 그림은 많지 않다. 안타깝게도 서른 살에 요절했기 때문이다. 그래서 환수한 〈죽하관폭도〉는 매우 소중한 작품이다. 게다가 당대 최고의 명필가인 표암 강세황까지 붓을 들어 일필휘지(一筆揮之)하며 그림에 합세했다.

　　그의 대표작으로는 〈수향귀주(水鄉歸舟)〉와 〈한강조주도(寒江釣舟圖)〉가 있다. 〈수향귀주〉는 비구름과 안개가 자욱한 마을로 배를 타고 돌아오는 풍경을 그린 그림이다. 며칠 동안 계속해서 폭우가 내렸다. 강은 범람할 정도로 불었다. 집 둘레에 있는 큰 나무들도 비를 흠뻑 맞아 가지를 축 늘어뜨리고 있다. 비가 더 내리면 가지가 부러질 듯하다. 강물은 빠르게 흐른다. 나룻배 한 척이 강에 떠 있다. 비가 더 내리기 전에 어서 강 건너 저편 마을로 돌아가야 한다. 도롱이를 걸친 사공이 노를 젓는다. 그 모습이 정답기도 하면서도 애처롭다.

　　〈한강조주도〉는 추운 날씨, 차가운 강에 배를 띄우고 낚시질하는 선비를 그린 그림이다. 늦가을이다. 강물은 유유히 흐른다. 물이 차다. 저 멀리 강 건너에 마을이 보인다. 한 선비가 차가운 강에 배를 띄우고 낚싯줄을 물속에 드리운다. 찬바람이 계속해서 불어오고 날은 더욱 추워지고 있다. 그래도 떠날 기색이 없다. 낚시를 하는 건지 세월을 낚는 건지 알 수 없다. 강가에 있는 오래된 고목나무가 이를 지켜보고 있다. 이정은 산수화에 인물을 자연스럽게 넣었다. 〈죽하관폭도〉의 선비, 〈수향귀주〉의 사공, 〈한강조주도〉의 선비 모두 자신을 그려넣었다. 그림 속의 주인공이 되고 싶었던 것이다.

이정(李楨, 1578~1607)은 조선 중기의 화가이다. 호는 '나옹 (懶翁)'인데 '설악(雪嶽)'이란 호도 사용했다. 설악산의 그 설 악이다. 나는 일 년에 두세 번 설악산을 찾는다. 그곳에 가면 몸과 마음이 편안해진다. 퇴직하면 설악산 근처에 방을 얻어 한동안 살 계획도 세워놓았다. 그만큼 설악을 사랑한다. 그 래서 이정의 설악이란 호가 더욱 반갑다. 이정의 집안은 대 대로 화원 집안이었다. 증조할아버지, 할아버지, 아버지 모 두가 그림으로 이름을 떨쳤다. 선조들은 불화(佛畫)를 무척 이나 잘 그렸다. 3대가 계속해서 불화를 그렸다.

이정의 탄생과 관련해서 이런 이야기가 전해온다. 이정의 어머니가 하루는 꿈을 꾸었는데 금으로 된 나한이 나타났다. 나한은 "너희 집안은 3대가 계속해서 불화를 수천 폭이나 그 렸다. 그런 공덕으로 아들 하나를 내려주겠다"라고 약속했 다. 꿈을 꾼 후 이정을 잉태했다. 그는 이렇게 조상들의 공덕 으로 이 세상에 태어났다. 그러나 안타깝게도 아주 어렸을 때 부모를 여의었고 작은아버지 밑에서 자랐다. 작은아버지 를 친부모처럼 섬겼고, 작은아버지 또한 이정을 친자식처럼 기르고 가르쳤다. 그는 부모님의 얼굴을 벽에 그려 놓고 아 침저녁으로 절하면서 울었다. 부모님이 무척이나 보고 싶었 던 것이다. 참으로 애처로운 얘기다.

그는 다섯 살 때 스님 그림을 그렸다. 열 살이 넘어서는 금강산으로 들어갔고, 열세 살에는 금강산 장안사의 벽화와 천왕(天王)을 그렸다. 이정은 당시 최고의 문장가인 최립에게 시를 배웠으며 『홍길동전』을 지은 허균과도 매우 친하게 지냈다. 허균은 이정을 몹시 좋아했다. 글과 그림을 주고받으며 서로 교학상장(敎學相長)했다.

이정에 대한 재밌는 일화가 전해온다. 한번은 권세 높은 정승에게 불려갔다. 이정이 그림을 잘 그린다는 소문을 듣고 그림을 부탁하려고 부른 것이다. 비단을 쌓아놓고 술을 대접하며 그림을 그리라고 했다. 원래 이정의 성격은 강직해서 의롭지 않은 것은 거들떠보지도 않았다. 정승은 탐욕이 많고 행실이 깨끗하지 못한 탐관오리였다. 이정은 그런 사실을 알고 있었다. 탐관오리에 대한 적개심 때문에 그림을 그리고 싶은 마음이 전혀 일어나지 않았다. 그래서 술을 거나하게 마시고 비단 위에 엎드려 잤다. 한참 후에 일어나 붓을 잡고 그림을 그렸다. 뇌물을 가득 실은 소 두 마리를 두 사람이 몰고 솟을대문으로 들어가는 그림이었다. 정승은 그림을 보고 버럭 화를 냈다. 그림의 의미를 알았기 때문이었다. 정승이 이정을 붙잡아 죽이려 하자 도망쳐 평양으로 갔다. 그곳 평양은 풍광이 무척이나 아름다운 곳이었다. 그 아름다움에 반해 떠날 수가 없었다. 그곳에서 살다 안타깝게도 서른 살 나이에 세상을 떠나고 말았다.[12]

허균은 이정을 그리워하며 '이정애사(李楨哀詞)'를 지었다. 벗을 잃은 애타는 슬픔과 사무치는 그리움이 문장 곳곳에 배어 있다. 눈물로 시작해서 눈물로 끝나는 그야말로 애사이다.

"아, 나옹이여 어이 그리 명이 짧았던고 … 달빛은 밝구나 온 세상을 다 비추는 듯하구나. 아련히 그대 모습 그린다. 오장(五章)을 읊조리는 소리를 듣는 듯하구나. 아, 그대 그리는 마음 영원히 잊을 수 없으리."

조선 종실 출신 화원 허주 이징

허균은 이징을 '조선 제일의 화가(本國第一手)'라 했다. 사대부들 역시 이징을 국공(國工), 국수(國手)라 불렀다. 나라에서 으뜸이라는 뜻이다. 왕실 사람들과 사대부들은 이징의 그림을 갖고 싶어 했다. 손바닥 크기의 작은 그림이라도 한 점 얻으면 집안의 보물처럼 여겼다. 이징은 어려서부터 화벽(畵癖)이 있었다. '벽(癖)'이란 무엇을 지나치게 즐기는 병 또는 고치기 어려울 정도로 굳어진 버릇을 뜻한다. 그러므로 화벽은 그림에 지나치게 집착하는 성향을 말한다. 이징이 얼마나 그림에 집착했는지 전해오는 일화가 있다.

어렸을 때, 다락에서 그림을 그렸는데 그림에 몰두하느라 시간이 가는 줄 몰랐다. 그리하여 사흘이 지났다. 집안에서는 아이가 사라졌다고 난리가 났다. 사흘 동안 집안 곳곳은 물론 온 동네를 찾아다녔다. 그래도 아이를 찾을 수 없었다. 아이를 잃어버렸다고 포기했을 때, 이징이 다락문을 열고 나왔다. 가족들은 기가 막혔다. 찾았다는 기쁨과 함께 화가 치밀어 올랐다. 아버지가 매를 들고 마구 때렸다. 그러자 이징은 울면서 눈에서 떨어져 나오는 눈물을 손가락으로 찍어서 새를 그렸다. 참으로 어처구니없는 이야기지만 이징의 그림 소질이 하늘로부터 타고났음을 말해준다.[13]

이징(李澄, 1375~1435)은 조선 중기 때 화가로 호는 '허주(虛舟)'이다. 허주는 '짐이나 사람을 태우지 않은 빈 배'라는 뜻이다. 그는 자신의 예술 세계를 자신의 호처럼 펼쳤다. 세속적인 요소를 최대한 배제하고 자연을 그렸다. 그리고 그림의 여백을 중시하여 화폭을 가득 채우지도 않았다. 이징의 출생 배경을 살펴보자.

그는 화원 집안에서 서자로 태어났다. 부친은 조선 중기 절파화풍(浙派畫風, 중국 명나라 절강성 출신 화가들의 화풍으로 필묵이 웅건하고 거친 것이 특징)의 대가였고, 성종의 아들 익양군의 후손이었다. 따라서 이징은 엄연한 종실 출신이다. 그런데 제대로 된 벼슬자리 하나 얻지 못했다. 서자 출신은 관직에 진출할 수 없기 때문이었다. 왕실과 사대부들은 이징의 이러한 출생 배경을 알고 있었지만 그가 워낙 그림을 잘 그렸기 때문에 그림을 부탁했다.

이징은 자신이 종실 자손인데 왕실과 사대부들에게 늘 중인(中人) 취급을 당해 서운한 마음을 갖고 있었다. 이런 까닭으로 이징의 성격은 더욱 내성적으로 변했다. 이를 뒷받침해 주는 일화가 있다. 인조의 셋째 아들인 인평대군이 낙산 기슭에 집을 지었는데 그 집 단청과 벽화를 이징에게 부탁했다. 대군은 이징이 서자 출신 화가이므로 그를 업신여겨 말투도 거칠게 했고, 대우도 낮게 해주었다. 이런 멸시를 받은 이징은 벽화를 그리면서 눈물을 뚝뚝 흘렸다고 한다. 안타까우면서도 슬픈 얘기다.[14]

이징은 서른이 다 된 나이에 도화서 화원이 되었다. 그 전에는 국가 차원의 프리랜서로 일했다. 임진왜란에 공을 세운 공신들의 초상화를 그리기도 했고, 중국 사신을 영접하는 의궤를 그리는 수행 화원이 되기도 했다.

도화서 화원이 된 이징은 그림을 워낙 잘 그려 인조의 사랑을 듬뿍 받았다. 인조는 그림에 취미가 있어 이징으로 하여금 산수화, 화조화 등을 그리게 했다. 또한 청나라 궁정 화원인 맹영광이 조선에 몇 년간 머물렀을 때 이징이 맹영광과 함께 궁궐에서 그림을 그릴 수 있도록 기회를 만들어주기도 했다. 맹영광은 소현세자가 청나라에 볼모로 잡혀갔을

때 그곳에서 알게 된 사람으로 세자와 함께 조선에 들어왔던 것이다.[15]

이징의 작품 중 독특한 그림이 있는데 〈만학쟁류(萬壑爭流)〉와 〈고사기려(高士騎驢)〉이다. 〈만학쟁류〉는 첩첩이 겹쳐진 깊은 큰 골짜기를 소리 내 흐르는 강물이란 뜻이고, 〈고사기려〉는 나귀를 타고 집으로 돌아가는 선비란 뜻이다. 제목이 독특하다는 것을 말하려는 것이 아니라 화풍이 독특함을 얘기하려는 것이다.

이 두 작품은 모두 니금기법(泥金技法)으로 그린 산수화이다. 검은 비단에 금가루와 아교를 섞어 산수를 표현했다. 검은 비단에 금색이 합쳐지면 그림은 무척이나 화려하고 화사해진다. 그래서 다른 기법의 작품들에 비해 품위가 한층 높아 보인다. 이런 이유로 니금기법은 불화를 그릴 때 많이 사용했다. 그림들은 이러한 기법을 적용해 안견의 〈몽유도원도〉를 보는 듯한 착각을 불러일으킨다. 마치 안평대군처럼 꿈속을 거니는 것 같다.

또한 이징의 대표적인 작품으로 손꼽히는 것은 갈대와 기러기를 그린 〈노안도(蘆雁圖)〉이다.

늦가을이다. 강물은 차갑다. 차가운 바람이 불어온다. 으스스 한기가 느껴진다. 강가의 갈대는 바람에 이리저리 흔들린다. 갈대밭에는 한 무리의 기러기 떼가 앉아있다. 흐르는 강물을 향해 노래를 부른다. 이 그림은 '늙어서도 편안하세요'라는 따뜻한 메시지를 담고 있다. 그래서 그런지 〈노안도〉를 보면 마음이 편안해진다. 나도 이제 나이가 예순이 훨씬 넘었다. 내 방 한 편에 이징의 〈노안도〉를 걸어놓고 노년을 보내고 싶다.

그림 속에 들어있는 귀신 취옹 김명국

한 조선 화가의 작품이 발견돼 미술계가 흥분했다. 김명국이 일본에서 그린 인물화다. 김명국은 조선통신사의 일원으로 일본을 방문했을 때, 잠을 잘 수 없을 정도로 일본인들로부터 그림을 주문받았다. 가난한 화가였던 그는 그림을 많이 그려 돈을 많이 벌었다. 하지만 그렇게 그림을 많이 그렸음에도 불구하고 전해지는 작품은 별로 없었다. 그런데 놀랍게도 일본에서 그린 작품이 발견된 것이다. 이 작품의 제목은 〈수노인도(壽老人圖)〉이다. 인간 수명을 관장하는 별자리를 신선으로 표현한 그림으로 작은 키에 머리는 크고 길쭉하며, 심하게 튀어나온 앞이마와 가슴까지 덮고 있는 수염이 인

간 수명을 관장하는 신선이라는 느낌을 강하게 준다. 그림에
는 '金明國印'이라는 인장이 뚜렷이 찍혀있고, '취옹(醉翁)'이
란 친필 서명도 적혀있다. 한국 미술사의 놀라운 발견이었다.

취옹(醉翁) 김명국(金明國, 1600~미상)은 양반도 상민도 아
닌 중인이었으나 17세기 도화서를 대표하는 화원이었다. 사
람들은 그를 신필(神筆)이라 칭송했다. 또 어떤 사람은 그림
속에 들어있는 귀신이라고도 했다. 그 정도로 그림을 잘 그
렸다. 김명국 이전에도 또 이후에도 조선 시대에는 유명 화
가들이 있었다. 〈몽유도원도〉의 안견, 〈고사관수도〉의 강희
안, 진경 시대를 연 겸재 정선, 풍속화로 유명한 단원 김홍도
가 있었으나 김명국만큼 추앙받지는 못했다.

김명국이 그림을 얼마나 잘 그렸는지 다음과 같은 이야기
가 전해진다.

임금이 김명국의 그림 실력을 시험하고 싶었다. 그래서
비단으로 감싼 빗접(빗이나 빗솔을 넣어두는 도구)을 주며 그림
을 그리라고 명했다. 그는 며칠이 지난 후 임금에게 빗접을
올렸다. 그런데 빗접을 아무리 들여다봐도 그림을 발견할 수
없었다. 임금이 크게 화를 내며 물었다. "그림이 전혀 보이질
않는데 감히 그림을 그렸다고 거짓말을 하느냐?" 김명국이
대답했다. "전하, 소인은 분명히 그림을 그렸습니다. 내일 아
침이면 아시게 될 것입니다." 다음 날 아침, 공주가 그 빗접

김명국, 달마도(국립중앙박물관 소장)

에 든 빗으로 머리를 빗으려 했는데 이 두 마리가 가장자리에 붙어있었다. 공주는 이를 죽이려고 손톱으로 눌렀다. 그런데 이가 죽지 않았다. 공주가 이를 자세히 들여다보니 그것은 그림이었다.[16]

김명국의 대표 작품으로 〈달마도(達磨圖)〉가 있다. 달마는 중국 선종의 시조로 남인도 향지국이란 나라의 왕자로 중국 소림사에서 아홉 해 동안 면벽 좌선해 득도한 스님이다. 그의 모습을 그린 그림이 〈달마도〉이다. 붓질은 몇 번만 했다.

순식간에 큰 눈, 둥근 코, 짙은 눈썹, 수북한 콧수염과 턱수염의 달마가 완성됐다. 달마의 기가 생생하게 살아있다. 그림 한 편에는 자신의 또 다른 호인 '蓮潭'을 휘갈겨 썼다. 이렇듯 달마도는 단순하면서 강하다. 김명국의 호탕한 성격이 그대로 담겨있다. 현재 그 〈달마도〉는 국립중앙박물관에 소장돼 있다.

김명국은 술을 무척이나 좋아했다. 술에 거나하게 취해야지만 붓을 들었다. 그에게 그림을 부탁하려면 술대접을 잘해야 했다. 술 취한 늙은이란 뜻의 '취옹'을 아호로 쓸 정도였다. 술과 관련된 재미있는 일화가 전해진다.

한 스님이 큰 비단을 가져와 지옥 그림인 명사도(冥司圖)를 부탁하면서 예물로 삼베 열 필을 내놓았다. 삼베는 즉시 술과 바꿔 마셨다. 그 후 스님은 그림이 어떻게 되어가는지 궁금해서 여러 차례 왔으나 김명국은 아직 영감이 떠오르지 않는다고 하면서 돌려보내곤 했다. 하루는 술을 마시고 만취가 된 상태에서 비단을 펼치고 일사천리로 그림을 그렸다. 신령을 모시는 신당의 배치, 귀물의 형색이 똑같았다. 지옥으로 끌려가고, 불 속으로 들어가고, 매 맞는 것이 모두 머리 깎은 스님들이었다. 며칠 후 그림을 찾으러 온 스님은 그림을 보고 기절할 뻔했다. 지옥에 있는 사람들이 모두 스님들이었기 때문이었다.

잔뜩 화가 나서 그 이유를 김명국에게 물었다. 그는 "스님들이 백성을 속이는 짓을 평생 했으니 지옥에 있는 것이 마땅한 일이 아니겠소?"라고 대답했다. 화가 치솟을 대로 치솟은 스님은 삼베를 다시 돌려달라고 했다. 그러자 김명국은 껄껄 웃으면서 "술이나 더 가져 오시오. 그러면 그림을 고쳐 주리다"라고 했다. 스님이 화를 꾹 참고 술을 받아왔다. 김명국은 그 술을 기분 좋게 마시고 그림에 붓질했다. 스님 머리에 머리털을 그리고, 수염이 없는 사람에게 수염을 그렸다. 그리고 잿빛 승복에 색을 칠했다. 그랬더니 그림은 전혀 딴판이 되었다. 스님은 무릎을 탁치며 크게 감탄했다. 그러면서 말했다. "선생은 천하의 신필입니다."[17, 18]

김명국이 일본에 갔을 때의 일이다. 조선 그림은 글자를 모르는 상인들이나 무사들 사이에 인기가 높았다. 그림 값도 조선에 비해 몇 배나 높아 일본에 다녀오면 큰 재산을 모을 수 있었다. 한 왜인이 그의 그림을 얻기 위해 많은 돈을 들여 집을 단장했다. 세 칸 가옥의 사방 벽을 주옥으로 장식하고 비단을 바르고 사례비로 많은 돈을 준비했다. 그리고 김명국에게 벽화를 그려달라고 청했다. 김명국은 술부터 찾았다.

술을 실컷 마시고 취기가 올라오자 붓을 달라고 했다. 왜인은 붓 대신 금가루 물 한 사발을 내놓았다. 김명국은 금가루 물을 입 안 가득히 물고 사방 벽에 모두 뿜었다. 왜인은 그 비싼 금가루 물을 한꺼번에 뿜어버렸다고 생각하고는 화가 치밀어 올라 칼을 뽑아 그를 죽이려 했다. 그러자 김명국은 껄껄 웃으면서 붓을 잡고는 벽에 뿌려진 금물로 그림을 그리기 시작했다. 손놀림에 따라 산수(山水)가 되고, 사람이 되고, 짙고 옅고 높고 낮으며, 각양각색의 모양들이 살아 움직였다. 순식간의 일이었다. 금가루 물은 흔적도 없이 사라졌고 벽화 그림은 기운이 생동(生動)했다. 왜인은 크게 놀라며 김명국에게 몇 번씩이나 머리를 조아리며 고마워했다.[19]

조선 제일의 선비 화가 공재 윤두서

윤두서를 떠올리면 〈자화상(自畵像)〉이 바로 떠오른다. '공
재(恭齋)' 윤두서(尹斗緖, 1668~1715)는 자신의 모습을 초사실
주의로 그렸다. 리얼리즘 이상의 리얼리즘인 '하이퍼 리얼리
즘'으로 그린 것이다. 조선 시대 그림 중 디테일이 가장 강한
그림이 바로 이 그림이다.

하늘로 치솟는 눈썹, 매섭게 올라간 눈꼬리, 꿰뚫어 보는
듯한 눈동자, 솟아오른 코, 근엄한 팔자 주름, 꼭 다문 붉은
입술, 장수의 구레나룻, 왕의 턱수염. 윤두서의 〈자화상〉을
계속 들여다보면 그 강한 흡인력으로 인해 보는 사람의 정
신은 어지럽다. 그림은 윤두서가 자기 자신을 뚫어지게 응시

윤두서, 자화상

하는 것 같기도 하고 그림을 보는 사람을 윤두서가 똑바로 직시하는 것 같기도 하다. 어떻게 보면 세상을 호통치는 듯 하고, 내 말을 들어보란 듯하며, 자신의 억울함을 호소하는 듯하다. 끔찍한 비유이지만 방금 세상을 떠난 조선 선비의 관 뚜껑을 열었을 때의 모습 같기도 하다.

윤두서의 이 작품은 그가 삶을 끝내기 3년 전, 정성을 다해 그린 그림이다. 당시 사람들에게 하고 싶었던 말과 후대 사람들에게 들려주고 싶은 말이 그림 속에 온전히 담겨있다. 어쩌면 이 그림은 윤두서가 세상에 남긴 유언일지도 모른다는 생각이 든다.

윤두서는 자신의 모습을 그린 것이 아니다. 생생히 살아있는 자신의 영혼과 정신을 그린 것이다. 그래서 이 그림은 강한 생명력을 갖는다. 베토벤의 교향곡 '운명'을 들으면 베토벤이 내 심장을 마구 두드리는 듯하고, 고흐의 〈별이 빛나는 밤〉을 보면 고흐가 자신의 한없는 고독을 들려주는 듯하다. 이것은 그들이 작품 속에 자신의 영과 혼을 담아 놓았기 때문이다. 그래서 사람들이 감동하는 것이다.

윤두서의 〈자화상〉에는 그 시대의 역사와 조선 선비의 맑은 정신 그리고 예술가의 뜨거운 예술혼이 고스란히 담겨있다. 그래서 이 작품은 국보가 되었다. 화가는 자신이 가장 고독하다고 느낄 때 자화상을 그린다. 고흐(Vincent van Gogh, 1853~1890)는 친한 벗 고갱에게 버림받았다고 생각했을 때 〈귀에 붕대를 감은 자화상〉을 그렸고, 프리다 칼로(Frida Kahlo, 1907~1954)는 남편인 디에고 리베라로부터 버림받았다고 생각했을 때 〈머리카락을 자른 자화상〉을 그렸다. 공재 윤두서도 마찬가지다.

윤두서의 삶을 이야기 할 때 빼놓을 수 없는 두 명의 인물이 있다. 한 사람은 '어부사시사(漁父四時詞)'로 유명한 고산 윤선도로 윤두서의 증조할아버지이고, 다른 한 사람은 실학자 다산 정약용으로 윤두서의 외증손이다. 윤선도는 효종 임금이 봉림대군이었을 때 스승일 정도로 인격이 고매하고 학문에 조예가 깊었다. 높은 벼슬을 하여 윤씨 집안을 명문가로 만들었다. 그러한 조상 덕에 윤두서는 경제적으로 풍요롭게 살았다. 하지만 윤선도의 후손이라 당쟁에 휘말리는 아픈 고통을 당해야만 했다. 그 때문에 일체 정치에 발을 들이지 않았다. 진사에 급제도 했지만 두문불출하고 오직 학문과 독서에만 힘썼다. 그리하여 성리학, 천문, 지리, 의술, 병법, 그림, 글씨, 지도 제작 등에 두루 능했다.

그는 그림을 독학으로 공부했다. 독학 교재는 중국 그림을 수록한 『고씨화보(顧氏畵譜)』와 『당시화보(唐詩畵譜)』였다. 그림책을 펴놓고 그대로 베끼고 또 베꼈다. 원본 그림의 점 하나 선 하나 똑같이 그리려고 애썼다.[20] 중국 그림을 연습에만 참고했지 작품은 자기 방식대로 그렸다. 그림이 생각대로 그려지지 않으면 일체 망설임 없이 과감하게 던져버렸다. 그래서 전해지는 작품이 적다. 그에게는 나름대로 화법이 있었다. 그림의 최고 경지를 화도(畵道)라고 한다. 화도에 이르려면 그림을 진지하게 공부하는 화학(畵學), 사물을 식별하여 그릴 줄 아는 화식(畫識), 정해진 법도대로 그릴 줄 아는 화공(畫工), 마음대로 그려도 그림이 되는 화재(畫才)의 순서를 거쳐야 했다.[21] 이렇게 그림을 공부했고 또한 이렇게 그림을 그렸다.

윤두서는 유독 말을 많이 그렸다. 말 그림의 대표작이라 할 수 있는 〈유하백마도(柳下白馬圖)〉와 〈군마도(群馬圖)〉를 보면 말의 움직임이 매우 사실적으로 묘사되어 있음을 알 수 있다. 이는 말을 상상해서 그린 것이 아니라 많은 시간을 마구간에서 말과 함께 시간을 보내며 말들의 행동을 유심히 관찰하고 기록했기 때문에 가능한 것이다. 이중섭도 윤두서의 이러한 관찰 기법을 본받아 그 유명한 〈황소〉를 그렸을 것이다.

조선 시대 그림은 영조~정조 시대에 활짝 꽃피웠다. 단원 김홍도와 혜원 신윤복이 그 주인공이다. 이들의 붓을 뒤에서 단단히 쥐고 있는 이가 바로 공재 윤두서이다. 윤두서는 글도 잘 지었다. 한글 시조로 지은 「옥(玉)」이 유일하게 전해 내려온다.[22] 「옥」은 자신의 자화상을 읊은 것 같아 가슴이 짠하다.

옥에 흙이 묻어 길가에 버렸으니

오는 이 가는 이 흙이라 하는구나.

두어라 알 이 있을지니 흙인 듯이 있거라.

붓으로 우리 강산을 노래하다 겸재 정선

갓 쓰고 도포를 입은 한 무리 사람들이 가파른 고갯길을 오른다. 이윽고 정상에 도착하니 구름바다 건너 저편에 하늘을 찌를 듯 높이 솟은 일만 이천 봉이 펼쳐진다. 신선들이 사는 세상이다. 하늘 아래 다시없는 절경이다. 사람들은 넋을 잃고 바라만 보고 있다.

'겸재(謙齋)' 정선(鄭敾, 1676~1759)의 〈단발령망금강산(斷髮嶺望金剛山)〉은 단발령에 서서 금강산을 바라보는 모습을 그린 작품이다. 그림을 구경하는 사람은 마치 자신이 한 마리 새가 되어 단발령과 금강산을 내려다보는 듯한 느낌을 갖는다. 단발령은 금강산 초입에 있는 고개이다. 신라의 마의태자가

정선, 단발령망금강산(국립중앙박물관 소장)

나라를 빼앗기자 그 설움에 아버지 경순왕에게 하직하고 출가를 결심한다. 곧바로 금강산으로 입산해 단발령에서 삭발했다고 전해진다.

그림 속의 사람들은 겸재 일행이다. 겸재는 서른 살이 훨씬 넘은 나이에 처음으로 금강산을 구경했다. 평생 친구였던 김화 현감 이병연이 겸재를 금강산으로 초대한 것이다. 겸재가 화가로서 이름을 크게 떨친 것도 금강산을 그리면서부터였다.

누가 나에게 겸재의 그림 중 가장 좋아하는 작품 하나를 고르라고 한다면 나는 서슴없이 이 그림을 꼽을 것이다. 이 그림을 몇 년 전 가을 국립중앙박물관에서 처음 보았다. 그때의 감동을 잊을 수가 없다. 40센티가 채 안 되는 작은 그림인데 유리 안에 고이 모셔져 있었다. 그림을 가깝게 들여다보니 나도 마의태자처럼 속세와 이별하고 금강산으로 입산하고픈 생각이 저절로 들었다.

겸재는 숙종 때 서울에서 태어나 영조 때까지 활동했다. 당시 대단한 권력가였던 안동 김씨 형제들(영의정 김창집, 대사간 김창협, 성리학자 김창흡)이 겸재를 후원했기에 평생 벼슬을 하며 그림을 그릴 수 있었다. 마흔 중반에 하양 현감을 시작으로 의금부 도사, 청하 현감, 양천 현령이 되었고, 여든이 넘어서는 동지중추부사까지 지냈다. 그는 우리 강산을 무척이나 사랑했다. 전국을 유람하며 그 시대와 풍경을 그림으로 기록했다.

조선 화가 중 가장 많은 그림을 그린 사람이 겸재가 아닐까 싶다. 그는 평생 금강산을 눈에 담고 살았다. 돋보기를 겹겹이 갈아 쓰면서까지 금강산 그림을 그리고 또 그렸다. 겸재의 그림을 실경산수라 하지 않고 진경산수(眞景山水)라 한다. 진경산수는 중국의 화풍을 배제하고 우리 눈으로 우리 강산을 직접 보고 느낀 그대로 그린 그림이다. 그래서 진경산수에는 어떤 이념이나 사상이 들어가 있지 않고 순수하다.

겸재 화첩에 대한 일화가 있다. 일제강점기 때 어떤 거간꾼이 있었다. 그는 시골의 양반집을 찾아다니면서 고서적과 고미술품을 사서 경성에 있는 골동품 상점으로 팔아넘기는 일을 하고 있었다. 겨울이 지나갈 무렵, 그는 경성에서 가까운 용인의 양지면을 찾아갔다. 그곳은 경성과 가까워 양반들이 적잖이 살고 있었다.

큰 기와집 한 채가 눈에 들어왔다. 친일파 핵심 인물인 송병준의 집이었다. 직감으로 골동품이 많이 있을 것 같았다. 그래서 집 주변을 어슬렁거렸다. 그때 조선 관리 복장을 한 사람이 있었다. 그는 송씨 성을 가진 양지 면장이었다. 그가 물었다. "무엇 하는 사람이오?" 거간꾼이 대답했다. "저는 경성에서 왔는데 고서적과 고미술품을 구하러 다니는 사람입니다." 경성에서 왔다는 말에 경성 소식이 듣고 싶어 그를 사랑채로 데려갔다. 경성 얘기를 오랜 시간 나누었다. 그러다가 하룻밤을 자게 되었다.

거간꾼이 밤에 용변을 보려고 화장실에 가는데 머슴이 아궁이에서 종이 뭉치로 불을 때고 있었다. 그리고 아궁이 옆에는 초록색 비단으로 꾸며진 책이 있었다. 그 책도 곧 불쏘시개가 될 것 같았다. 거간꾼은 그 책이 보통 책이 아님을 직감했다. 다급해진 그는 머슴에게 책 꾸러미를 달라고 했다.

머슴은 사랑채 손님인 것을 알고 건네주었다. 거간꾼은 면장에게 책을 팔라고 했다. 면장은 장작 값이나 달라고 했다. 그래서 얼른 20원을 손에 쥐어주고는 가방에 넣었다. 다음 날, 거간꾼은 책을 들고 서둘러 간송 전형필을 찾았다. 이 책이 바로 겸재가 그린 『해악전신첩(海嶽傳神帖)』이다. 금강산의 뛰어난 절경 21폭을 가득 담은 이 화첩은 현재 국가 보물로 지정되어 있다. 거간꾼이 『해악전신첩』을 그때 아궁이에서 가져오지 않았다면 불쏘시개가 되었을 것이다. 생각만 해도 아찔하다.[23]

　서울 강서구 마곡동에는 겸재 정선 미술관이 있다. 그곳에 미술관을 건립한 이유가 있다. 겸재는 예순다섯에 양천 현령으로 발령을 받았다. 양천(陽川)은 이름 그대로 햇살이 밝게 빛나고 맑은 내가 흐르는 아름다운 곳이다. 겸재는 양천의 그 수려한 풍경을 보고 무척 기뻐했다. 부임하자마자 붓을 들고 그 아름다운 풍광들을 기록했다. 그래서 한강 변 절경을 담은 『양천팔경(陽川八景)』 화첩이 탄생한 것이다.

　내 연구실에는 소중히 여기는 겸재 관련 자료가 있다. 간송미술관 최완수 선생이 지은 『겸재를 따라가는 금강산 여행』과 국립중앙박물관에서 겸재 서거 250주년을 기념해 발간한 『겸재 정선, 붓으로 펼친 천지조화』 그리고 왜관 베네딕도 수도원에서 2017년 제작한 『겸재 정선 화첩』 달력이다.

달력에는 〈금강내산전도〉를 비롯해 〈연광전도〉〈구룡폭도〉〈압구정도〉〈함흥본궁송도〉 등의 명작들이 실려 있다. 『겸재 정선 화첩』은 독일 상트 오틸리엔 수도원에서 여든 해 동안 비밀스럽게 보관해 오다가 한국 왜관 베네딕도 수도원에 영구 임대해주었다.

얼마 전, 겸재의 또 다른 화첩인 『정선필해악팔경 및 송유 팔현도(鄭敾筆海嶽八景 宋儒八賢圖)』가 경매로 나왔다. 금강산과 동해안 풍경을 그린 그림과 송나라 유학자들의 일화를 그린 그림들로 보물로 지정된 국가문화재이다. 추정가가 무려 70억 원이다. 낙찰된다면 국내 고미술 경매 사상 최고가로 기록될 것이다. 그 화첩에는 내가 그토록 갖고 싶어 하는 단발령 그림이 들어있다.

내 공부방에는 겸재 그림 한 점이 걸려있다. 가로 20센티 세로 30센티의 작은 그림이다. 그림에는 푸른 산이 우뚝 서 있고, 그 사이로 맑은 강이 굽이 흐른다. 산은 푸른 소나무로 울창하다. 이를 미점(米點)으로 그렸다. 그래서 산은 부드럽고 편안한 느낌을 준다. 산 위와 강가에 자연스럽게 자리를 잡은 가옥들이 보인다. 물이 흐르는 다리 위로 갓 쓰고 푸른색 도포를 입은 선비가 지팡이를 짚고 홀로 걸어가고 있다. 그림에는 정선의 호 '謙齋'가 한자로 반듯하게 써져 있고 그 밑에는 붉은 낙관이 찍혀있다.

이 그림은 인터넷 골동품 상점을 구경하다가 우연히 발견했다. 사이버 공간에서 겸재 그림이 판매되고 있다는 사실에 무척이나 놀랐다. 내가 겸재의 그림을 소장한다는 것은 있을 수 없는 일이었다. 겸재의 그림은 구할 수도 없고 혹시 있다 해도 상상할 수 없을 정도로 무척 비싸게 거래되기 때문이다. 겸재 작품은 국가 보물급이므로 골동품점에서 거래되는 것이 아니라 대형 옥션에서 경매로 이루어진다. 그런데 작은 인터넷 골동품점에서 작품을 판매하다니 믿을 수가 없었다.

진품에 대한 의구심이 들어 그림을 확대해 가며 여러 번 보고 또 보았다. 진품이 아닌 위작일 가능성이 높아 보였다. 그림값도 비쌌다. 여러 날 고민했다. 그래도 진품일 가능성을 스스로 믿으며 주인에게 여러 번 통사정 하여 결국 적당한 가격에 구입했다. 그림이 집에 도착하기를 손꼽아 기다렸다.

그림이 들어오던 날, 그날은 그야말로 잔칫집 분위기였다. 보물 한 점을 우리 집으로 모시는 기분이었다. 보고 또 보고, 만지고 또 만지고, 이리 걸고 저리 걸고 하였다. 흥분된 마음을 가라앉히고는 차분히 그림을 들여다보았다. 내가 가지고 있는 겸재 그림책 속의 그림들과 서명들 그리고 낙관들과 비교했다. 그랬더니 그림의 모습도 조금 다른 것 같고, 서명도 수십 개와 비교해 보았는데 어느 그림에도 없는 서명이었다. 또한 낙관도 겸재의 낙관들과는 전혀 달랐다.

시간이 흐르면서 실망감이 커지기 시작했다. 괜히 적잖은 돈을 들여 구입한 것을 후회했다. 그래도 조금이나마 마음의 위안이 되었던 것은 진품처럼 그린 진경산수 실제 그림이며 겸재처럼 서명했다는 점이다. 또한 다리를 건너는 선비의 모습이 겸재가 다른 그림들에서 그린 선비의 모습과 영락없이 닮았다. 그 점에서 진품일지도 모른다는 생각이 강하게 들었다. 어쨌든 겸재 그림이고 내가 겸재의 그림을 소장하고 있다는 그 사실 자체가 너무 좋았다. 그 즐거움과 기쁨만으로도 그림값은 충분히 하고 남았다. 그림은 내 방에서 가장 좋은 곳에 걸어놓았다. 나는 그림 속의 선비가 되어 매일 산속을 거닌다.

조선 최고의 인물화가 관아재 조영석

'관아재(觀我齋)' 조영석(趙榮祏, 1686~1761)은 전문 직업 화가가 아니다. 그는 진사시에 합격한 양반이다. 프로필을 보면 장릉 참봉, 공릉 참봉, 사헌부 감찰, 의금부 도사, 이조 좌랑, 종묘 서령, 제천 현감, 의령 현감, 안음 현감, 형조 정랑, 사옹원 첨정, 배천 군수, 통정대부 첨지중추부사, 돈령부 도정 등의 다양한 관직을 지낸 정통 관료이다. 참봉은 능을 관리하는 벼슬이고, 현감은 지방행정관서인 작은 현을 다스리는 벼슬이다.

그는 대과에 급제하지 못해 예순 살이 될 때까지도 말직과 지방으로 떠돌았다. 일흔이 넘은 나이에 간신히 당상관

(堂上官, 정3품)이 되었다. 그에게는 삶에 대한 분명한 철학이 있었다. 인간에게는 네 가지 욕망이 있다고 했다. 살려고 애쓰는 생욕, 이성을 밝히는 색욕, 벼슬을 탐내는 관욕, 재물에 욕심내는 재욕이다.[24] 그는 벼슬살이하면서 이 네 가지 욕심에 빠지지 않으려고 자기 자신을 엄하게 다스렸다. 그래서 조영석은 자신의 호를 '관아재'라 하였다. 관아재는 '나를 살피는 집'이란 뜻이다. 그는 자신의 호대로 살았다.

정통 관료인 조영석은 조선 미술사에서 손가락 안에 드는 화가이다. 미술 전문가들은 조선 후기의 대표 화가로 3원 3재를 꼽는다. 3원은 단원 김홍도, 혜원 신윤복, 오원 장승업이고, 3재는 겸재 정선, 관아재 조영석, 현재 심사정이다. 조영석은 당대 최고의 인물 화가였다.

조선 시대 인물화를 잘 그린 화가가 몇 사람 있다. 윤두서와 강세황 그리고 조영석이다. 조영석은 윤두서와 강세황에 비해 인물 묘사력이 뛰어났고 조선의 선비정신까지 담고 있어서 그들보다 한 수 위라는 평가를 받는다. 영조가 자신의 선조 대왕인 세조와 숙종의 어진을 모사하라고 두 번씩이나 부를 정도로 인물화에 뛰어났다. 또한 도승지 벼슬을 지내다 유배 간 친형 조영복을 찾아가 그린 초상화는 당대 최고 걸작으로 평가받는다.

조영석은 겸재 정선과 무척 친하게 지냈다. 정말 흉금 없이 지낼 정도로 친했다. 물론 겸재의 나이가 훨씬 많았다. 그런 겸재에게 "산수를 그리는 데는 선생님에 미치지 못하나 인물화를 그리는 데는 선생님보다 제가 조금 나을 것입니다"라고 말했다. 얼마나 인물화에 자신이 있었으면 당대 최고의 화가에게 그렇게 말할 수 있었겠는가? 그는 겸재의 진경산수에 대해 "조선 3백 년 역사 속에 조선적인 산수는 겸재로부터 비롯되었다"라고 말했다. 그런데 미술평론가 유홍준 교수는 이 말을 바꿔 "조선적인 인물화는 조선 3백 년 역사 속에 관아재로부터 시작되었다"라고 했다.[25]

조영석은 어진을 모사하라는 임금의 명령을 두 번씩이나 거역했다. 그가 쉰 살이던 해, 의령 현감으로 부임했는데 그 해 가을에 영조로부터 세조 어진 제작을 감독하는 감동(監董) 직책을 맡으라는 명을 받았다. 그러나 그는 그림을 전문으로 그리는 화원이 아니기 때문에 감동 직책을 맡을 수 없다고 거절했다. 영조는 의금부에 명해 조영석을 잡아 오라고 했다. 조영석은 왕명을 거부한 이유로 현감에서 파직되었고 옥살이까지 했다. 그는 그때의 심경을 "학문을 배웠으나 과거에 급제하지 못했고, 세상 사람들은 나를 그림 그리는 사람으로만 보는구나"라고 통탄했다.

영조는 그에게 다시 숙종 어진 제작 감동을 맡으라는 명을 내렸다. 그는 그림은 절대 그리지 않겠다는 각오를 단단히 하고 절대 물러서지 않았다. 그런데도 어진을 모사하라는 명령이 계속 들어왔다. 조영석은 모사를 끝까지 거부했다. 이처럼 그는 자기의 뜻과 맞지 않으면 왕의 명령도 듣질 않았다. 이것이 바로 조영석이 지닌 조선의 선비 정신이다.

조영석은 어진을 모사하라는 왕명을 거부한 이후 공개적으로 그림을 그리지 않았다. 혼자서 서민들의 생활을 스케치하는 정도의 그림만 그렸다. 후에 자식들이 부친의 소품들을 한데 모았다. 그것이 바로 조영석이 직접 이름 붙인 『사제첩(麝臍帖)』이다. '사(麝)'는 사향노루를 뜻하고, '제(臍)'는 배꼽을 뜻한다. 책 이름을 풀면 '사향노루 배꼽'이 된다. 사향은 사향노루 향낭에서 채취한 것으로 향기와 약효가 좋아 귀한 한약재로 쓰인다.

작품집의 그림들을 들여다보면 서민의 진한 향기를 맡을 수 있다. 실제로 그림 속 서민들의 생활 모습은 묘한 향기를 풍긴다. 젖 짜는 어미소와 송아지 그림에서는 다섯 명의 갓 쓴 사람들이 젖을 짜내려고 애를 쓰는 모습을 익살스럽게 표현했다. 움직이지 못하도록 코뚜레를 잡은 사람, 조심스럽게 젖을 짜는 사람, 소젖 받는 통을 바짝 대고 있는 사람, 소 뒷다리를 줄로 단단히 묶어 쥐고 있는 사람 그리고 어미 소 옆에 어린 송아지를 놓는 사람의 모습이다. 어린 송아지를 등장시킨 것은 어미 소에게 송아지를 보여주어야 젖이 나오

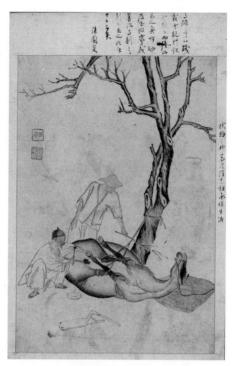

조영석, 말징박기(국립중앙박물관 소장)

기 때문이다.

또한 말에 징을 박는 그림에서는 괴로워 몸부림치는 말의 모습이 생생하다. 네 발을 끈으로 바짝 동여매고 징을 박는다. 처절하게 울부짖는 말의 울음소리가 들리는 듯하다. 장기 두는 그림에서는 '장이야!' 하는 소리가 들리고, 맞은편에 앉은 사람은 어쩔 줄 모른다. 바로 그 뒤에 훈수 두는 사람이 쪼그리고 앉아 턱수염을 만지작거리며 묘수를 궁리한다.

그리고 새참 먹는 그림에서는 아비가 떠주는 밥숟가락에 입을 크게 벌리고 받아먹는 어린 아들의 모습과 밥을 한 사발 가득 퍼 담아주는 마을 아주머니의 모습에서 훈훈한 정이 모락모락 피어오른다. 이러한 풍속 그림은 후대에 많은 영향을 주었다. 김홍도와 신윤복 때에 이르러 풍속화로 자리 잡으며 백성들로부터 많은 사랑을 받게 된다.

스승 겸재를 뛰어넘다 현재 심사정

"어려서부터 늙기까지 걱정과 근심이 많았다. 평생 낙이 없는
쓸쓸한 나날을 보냈다. 그런데도 하루도 붓을 놓지 않았다. 혹
독한 가난과 천대에도 흔들리지 않았다. 그림 실력은 귀신도
감동할 경지에 이르렀다. 병들어 죽었는데도 가난해서 시신을
염하지 못했다. 참으로 애달프다. 후세 사람들이여, 부디 이 무
덤을 훼손하지 말라."

위의 글은 현재(玄齋) 심사정(沈師正, 1707~1769)의 묘지명
으로 심사정의 자손인 심익운이 지은 글이다. 참으로 애처
롭기 짝이 없는 묘지명이다. 평생 걱정과 근심 속에서 살아

야 했던 모습이 그대로 느껴진다. 그것은 본인 때문이 아니었다. 순전히 집안의 몰락 때문이었다. 심사정의 집안은 훌륭한 가문이었다. 증조할아버지 심지원은 효종 때 평안도 감사, 이조판서, 좌의정, 우의정, 영의정 벼슬을 하였다. 그의 아들 심익현은 효종의 딸인 숙명공주와 혼인, 임금의 사위가 되었다. 벼슬이 높고 권세 있는 집안이었으나 갑자기 기울었다. 과거 시험 부정 사건 때문이었다.

심사정의 할아버지 심익창이 평안도 성천 부사로 재직할 때였다. 과거 시험에서 시험관과 공모해 답안지 이름을 바꿔 치기 하려다 발각되어 중벌을 받았다. 과거 시험 부정은 국가의 기강을 흔드는 중대 행위이기 때문에 대죄였다. 이 사건으로 인해 그의 집안은 쑥대밭이 되었고, 사람들로부터 손가락질 받는 집안이 되고 말았다. 십 년 동안 귀양살이하고 돌아온 할아버지에게 또다시 가혹한 일이 기다리고 있었다. 경종 때, 왕세제였던 영조를 시해하려는 사건이 있었는데 그 배후에 그의 할아버지가 있었다. 왕이 된 영조는 그 사건을 다시 조사토록 하여 그의 할아버지를 대역죄로 죽인다. 이렇게 집안이 몰락했을 때 심사정은 십 대였다.[26]

심사정은 그림으로 생계를 유지하며 살았다. 불우한 삶을 살던 그에게 마흔이 넘은 나이에 한 줄기 빛이 내렸다. 임금의 초상화인 어진이 낡아 새롭게 그리기 위해 여섯 명의 화원을 뽑았는데 그 안에 심사정이 포함된 것이다. 어진 모사 작업에 참여하면 감동(監董)이란 벼슬을 받는다. 대역죄 집안의 후손이라는 오명을 벗을 기회가 온 것이다. 영조를 알현하고 정성을 다해 일했다.

그런데 사직(司直) 벼슬 자리에 있던 한 관리가 임금에게 급히 상소를 올렸다. 심사정은 대역죄인 심익창의 후손이므로 어진 모사 감동을 맡겨서는 안 된다는 내용이었다. 영조는 이를 받아들였고 심사정은 즉시 파면되었다. 이렇게 해서 간신히 얻었던 감동 직은 허사가 되고 말았다. 참으로 안타까운 일이다.[27]

하지만 심사정에게 후원자가 생겼다. 그림의 진면목을 알아보고 후원자가 나타난 것이다. 중국 작품을 여러 개 소장하고 있으면서 그림에 대해 조예가 깊었던 김광수와 김광국이 그들이었다. 김광수는 한양 서대문 근처에 심사정이 살 집을 마련해 그곳에서 편히 그림을 그릴 수 있도록 해주었다.

그 밖에도 서예가로 이름을 날렸던 이광사, 과거에 급제해 삼척 부사를 지낸 이병연도 그의 후원자였다. 또한 같은 예술가의 길을 걸으며 늘 격려를 아끼지 않았던 시서화의 최고봉 강세황도 후원자였다. 특히 강세황은 심사정의 그림이 겸재의 그림보다 훨씬 낫다고 칭찬했다. 청출어람의 본보기가 된 것이다. 바로 이러한 후원자들 덕분에 심사정은 조선 미술사에 길이 남을 작품들을 마음 놓고 그릴 수 있었다.

심사정은 조선 후기를 대표하는 프로페셔널 문인 화가이다. 어렸을 때, 당대 최고의 화가였던 겸재 정선으로부터 가르침을 받았다. 그는 산수화, 인물화, 화조화 등 못 그리는 그림이 없었다. 실학자 이덕무는 『관독일기(觀讀日記)』에서 심사정의 그림 실력을 조영석과 정선에 견주었고, 초충(草蟲) 솜씨는 그 누구도 따라올 수 없다고 했다.

실제로 『초충도첩』에 있는 그림을 들여다보면 그 말이 사실임을 알 수 있다. 자줏빛 모란꽃이 활짝 폈고, 모란꽃에서 그윽한 향기가 피어오른다. 벌은 벌써 꿀 냄새를 맡고 찾아와 앉았고, 호랑나비도 날개를 펄럭이며 꽃잎으로 날아든다. 모란 잎과 줄기가 봄바람에 흥겹게 춤을 춘다. 작은 그림이지만 봄빛과 봄 향기로 가득 차 있다. 문득 우리 가곡 〈봄처녀〉가 떠오른다. "봄 처녀 제 오시네. 새 풀옷을 입으셨네. 하얀 구름 너울쓰고 진주 이슬 신으셨네. 꽃다발 가슴에 안고 뉘를 찾아오시는고."

심사정의 작품 중 가장 빼어난 것은 그가 세상을 떠나기 직전 죽을힘을 다해 그린 〈촉잔도(蜀棧圖)〉이다. 8미터가 넘는 그림에 심사정은 자신의 모든 것을 담았다. 그래서 이 그림은 심사정의 그림 이력서라 할 수 있다.

〈촉잔도〉는 이백의 시 「촉도난(蜀道難)」에서 유래한다. 시인은 촉으로 가는 길은 너무나 험난하여 하늘에 오르는 것보다 어렵다고 했다. 여섯 마리 용이 끄는 마차도 우회할 정도이고, 학도 날아 넘어갈 수 없고, 원숭이도 기어오르기 겁을 내며, 험준한 산길 아래 파도치는 강물이 흘러 차라리 집으로 돌아가고 싶다고 했다.[28] 실제로 그 길은 당나라 장안에서 촉나라 쓰촨성까지 가는 삼백 리 길이다. 길은 무척 험난하지만 경치는 말할 수 없을 정도로 아름답다. 그래서 화가들은 이 길을 인생길에 비유해 화폭에 담았다. 심사정도 한평생 힘들게 살아온 길을 돌아보기 위해 이 그림을 그렸을 것이다.

〈촉잔도〉는 안견의 〈몽유도원도〉를 보는 듯하고, 겸재 정선의 진경산수를 보는 듯하며, 단원 김홍도의 산수화를 보는 듯하다. 그렇지만 이 그림 속에는 다른 화가가 도저히 표현해낼 수 없는 철학적, 문학적, 미학적 요소들이 담겨있다. 그래서 이 작품을 심사정의 걸작이라고 하는 것이다.

로맹 롤랑(Romain Rolland, 1866~1944)은 "나는 사상 또는 힘으로 승리한 자가 아니라 오직 그 정신으로써 위대하였던 사람을 영웅이라 부른다. 이 영웅적 대열 선두에 맨 먼저 위대하고 정정한 베토벤을 세운다"라고 했다.[29] 베토벤처럼 그 지독한 고난과 역경을 극복하고 찬란한 예술 세계를 펼친 사람이 바로 현재 심사정이다.

조선 선비의 상징 〈설송도〉 능호관 이인상

이인상(李麟祥, 1710~1760)의 자는 '원령(元靈)'이고 호는 '능호관(凌壺觀)'이다. 그의 집안은 명문가였다. 고조할아버지가 인조 때 영의정을 지냈고, 그 후 3대에 걸쳐 정승을 배출했다. 그런데 증조할아버지가 서자가 되는 바람에 그 맥이 끊기고 말았다. 그는 진사시에 합격했으나 서자 집안이라 본과 시험을 볼 수 없었다. 그의 첫 벼슬은 경남 함양에 있는 사근역의 찰방이었다. 찰방은 각 도의 역참 일을 맡아 보던 외관직 벼슬(종6품)이다.

이인상은 청렴하게 관리 생활을 했는데 이와 관련한 일화가 전해진다. 그는 거의 매일 먹을 갈고 붓을 잡아 산수 그림을 그렸다. 그런데 사근역 찰방으로 부임하고 나서는 가지고 있던 모든 그림을 꺼내 불살라 버렸다. 사람들은 몹시 놀랐다. 그 아깝고 귀한 그림들을 한꺼번에 불태워 버린 것을 도무지 이해할 수 없었다. 그가 그림들을 불태운 것은 찰방으로서 바른 정사를 보는데 그림 그리는 것이 방해가 될 수 있다는 것을 알았기 때문이었다.

시인이자 유명한 실학자인 이덕무는 이인상을 존경했다. 이덕무 역시 서자 출신으로 묘하게도 이인상과 같이 사근역 찰방이 되었다. 이덕무는 취임 후 사근역에서 가장 오래 근무한 사람에게 물었다. "이곳에서 찰방으로 근무했던 사람 중 가장 훌륭하다고 생각되는 사람이 누구인가?" 그 사람이 대답했다. "능호관 이인상입니다."[30] 이렇듯 이인상은 작은 벼슬을 맡았음에도 불구하고 성실하고 정직하게 그리고 최선을 다해 일해 아랫사람으로부터 존경을 받았다. 그 후 그는 음죽 현감이 되었는데 일에 부당하게 간섭하는 관찰사와 심한 갈등을 겪었다. 그래서 현감직을 사직하고 시골로 내려와 조용히 살았다.

한 폭의 이인상 초상화가 전해진다. 깨끗한 상태로 보존되어 그의 모습을 분명하게 알 수 있다. 그림 오른쪽 위에 '凌壺 李麟祥 先生 眞'이라 적어놓아 이 초상화의 주인공이 이인상이라는 것을 밝히고 있다. 짙은 눈썹, 어진 눈매, 반듯한 코, 큰 귀, 과묵한 입술, 가지런한 수염 그리고 바르게 갖춰 입은 의관 등 모든 것이 어우러져 조선 선비의 전형적인 모습을 보여주고 있다. 문신이자 성리학자였던 오희상은 이 인상을 맑고 빼어나며 홀로 우뚝하여 세속을 멀리한 '마른 학'과 '긴 대나무'에 비유했다. 마른 학과 긴 대나무는 조선 선비의 상징이다.

그는 하루를 계획적으로 살았다. 아침, 낮, 저녁, 밤 이렇게 시간을 나누어 공부했다. 시간을 효율적으로 활용한 것이다. 그래서 학문도 깊게 연마할 수 있었고, 시가와 산문에도 뛰어났으며, 그림도 잘 그렸다. 글씨는 전서를 잘 써서 전각 분야에서 높은 경지를 보여주었다. 당시 유명한 서화가인 이윤영은 이인상의 글씨를 "봄에 밭에서 예쁘게 노니는 해오라기와 같고, 가을 숲속에 외롭게 핀 꽃과 같다(春田鮮鷺 秋林 孤花)"라고 했다.[31] 또한 추사 김정희는 아들에게 보내는 편지에서 이인상의 글씨 쓰는 법과 그림 그리는 법에는 문자의 기운이 넘치니 이를 공부하라고 할 정도로 칭송했다.[32] 김정희는 생각이 깊은 사람이라 남을 그리 쉽게 칭찬하지 않았다. 그런 사람이 칭찬할 정도이니 이인상은 보통이 아닌 것만은 분명하다.

누가 뭐라 해도 이인상의 대표작은 〈설송도(雪松圖)〉이다. 하얗게 눈이 덮인 두 그루의 소나무가 화폭을 가득 채우

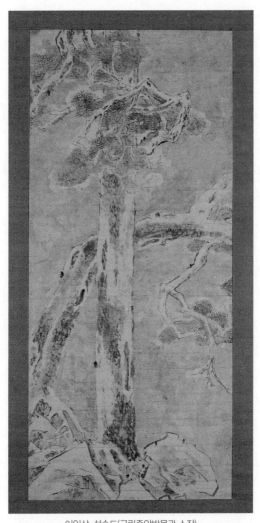

이인상, 설송도(국립중앙박물관 소장)

고 있다. 한 그루는 그리스 신전 기둥처럼 치솟아 하늘을 떠받들고 있고, 또 한 그루는 다른 소나무의 옆구리를 직각으로 스치며 휘었다. 흰 눈이 쌓인 푸른 소나무 잎은 말로 표현할 수 없을 정도로 싱싱하다. 그 멋진 소나무를 보니 한없는 존경심이 우러나온다. 엎드려 큰절이라도 올리고픈 생각까지 든다. 소나무 밑동을 받치고 있는 것은 거칠게 칠한 바위이다. 그 바위에서 솟아오른 강인한 생명력에 무한한 찬사를 보낸다.

이 그림은 두 그루 소나무를 아래와 위 그리고 왼쪽과 오른쪽 이렇게 네 방향으로 잘라냈다. 어떻게 소나무를 그렇게 잘라낼 생각을 했을까? 잘라냈기 때문에 〈설송도〉가 주는 무게감은 더욱 커지고 분위기는 더욱 신비로워졌다. 미술평론가 오주석 선생은 〈설송도〉를 대하면 "앞에 능호관 그분이 실제로 서 있는 듯한 엄숙한 느낌을 갖게 된다"라고 했다.[33]

나는 〈설송도〉를 처음 본 순간, 베토벤의 교향곡 '영웅'의 1악장이 떠올랐다. 현악기와 관악기가 뿜어내는 그 웅장한 소리를 듣는 듯했다. 대학 시절, 나는 홀로 배낭을 메고 겨울 설악산을 찾곤 했다. 한번은 얼어붙은 비룡폭포를 보고 내려오는데 하얗게 눈 덮인 소나무 숲 골짜기에서 교향곡이 나지막이 울려 퍼졌다. 기가 막히게 멋진 설악 풍경과 클래식 음악이 절묘하게 어우러졌다. 그 순간 눈물이 핑 돌 정도로 감격했다. 내 생애 몇 손가락 안에 들어가는 황홀을 맛본 것이다. 당시에는 설악산 안에서 감자전과 막걸리를 파는 오두막이 있었다. 음악은 그 오두막에서 흘러나온 것이었다. 눈 덮인 〈설송도〉를 보니 문득 그 시절 그 설악이 떠오르며 그리워진다.

조선 시서화의 삼절 표암 강세황

강세황(姜世晃, 1713~1791)의 호는 '표암(豹菴)'이다. 어릴 적 몸에 표범처럼 무늬가 있어 그렇게 붙였다고 전해진다. 그의 작품 중 가장 널리 알려진 것은 그가 개성 부근을 여행하면서 그린 〈영통동구(靈通洞口)〉이다. 그 옛날 고등학교 미술 교과서에도 실렸던 것으로 기억한다. 특별히 기억나는 이유는 일반적인 조선 시대 그림과는 다르게 뭔가 좀 색다른 느낌을 주었기 때문이다. 그림을 가득 채울 정도로 커다란 산이 양쪽으로 있고, 산 아래에는 엄청난 크기의 바위들이 널려 있다. 정말 무지막지하게 큰 바위이다. 그 특이한 바위 그림 때문에 동양화인지 서양화인지 헷갈리기 시작한다. 동

강세황, 영통동구, 『송도기행첩』(국립중앙박물관 소장)

양화라기보다는 서양 풍경화 느낌이 든다.

눈을 크게 뜨고 그림을 자세히 들여다보면 오른쪽 아래에 큰 바위 옆으로 난 산길로 사람이 지나가는 모습을 발견할 수 있다. 갓 쓰고 도포 입은 양반이 나귀를 탔고, 그 뒤로 동자가 따른다. 아주 작게 그려 놓아 놓치기 쉽다. 그 모습 때문에 비로소 정체성이 살아나며 동양화임을 알 수 있다. 이 그림은 진경산수이지만 원근법, 음영법, 입체감 등의 서양화법을 두루 적용한 매우 실험적인 작품으로 평가받는다.

그는 그림에 "영통동구 가는 길에 널려 있는 바위들이 얼마나 큰지 크기가 집채 만하다. 그 큰 바위들에 검고 푸른 이끼가 잔뜩 끼어 있어 보는 사람은 놀라움을 금치 못한다(靈通洞 口 亂石壯偉 大如屋子 蒼蘇覆之 乍見駭眠)"라고 적어놓았다. 미술평론가들은 〈영통동구〉를 조선 회화의 백미라고 극찬한다.

강세황의 또 다른 작품으로 〈자화상〉이 있다. 그의 나이 쉰이 넘어 그린 작품으로 조선 선비의 전형적인 얼굴이다. 어떤 일에도 흔들리지 않을 일자형 눈썹, 근심과 걱정을 뛰어넘는 둥그런 눈자위, 사물을 넓고 깊게 통찰하는 눈빛, 선비의 자존심을 담은 콧등, 덕과 예를 갖춘 큰 귀, 학문을 담고 있는 꼭 다문 입술, 예술의 깊이가 담긴 흰 수염 그리고 망건을 쓰고 단아하게 차려입은 두루마기. 그는 자신을 마치 학처럼 표현했다.

나는 이 그림에서 수염을 유독 희게 강조해서 그린 것에 주목한다. 분명한 이유가 있을 것이다. '희다'의 한자어 '白'의 뜻을 사전에서 찾으면 '깨끗하다, 분명하다, 진술하다, 밝다, 빛나다'이다. 그는 자화상을 통해 이 모든 형용사가 지닌 뜻을 담아 자신의 삶이 어떠했는지 후세 사람들에게 보여주려 했던 것 같다.

시와 글씨, 그림에 뛰어난 강세황을 사람들은 삼절(三絶)이라 불렀다. 그는 그림을 보는 안목과 그림을 평할 수 있는 필력도 가지고 있었다. 당시의 화가들은 강세황의 평을 받지 않은 사람이 없을 정도였다. 그가 평한 주요 화가들로는 정선, 조영석, 심사정, 강희언, 김홍도, 이인문을 들 수 있다.[34] 강세황은 김홍도의 스승이기도 하다. 김홍도는 어렸을 때부터 강세황에게 그림을 배웠다. 김홍도는 스승으로부터 신필(神筆)이라는 극찬까지 받았다. 또한 심사정의 그림을 여러 번 높이 평가함으로써 심사정이 훌륭한 작품을 많이 그릴 수 있었다.

강세황은 어려서부터 글씨도 잘 쓰고 그림도 잘 그렸다. 여섯 살에 글을 지었다고 하고 열 살이 조금 넘은 나이에는 흘려 쓰는 글씨를 잘 써서 사람들이 그의 글씨를 받아 병풍을 만들려고 했다는 이야기도 전해온다. 스무 살 중반에는 자신의 서재를 '산향재(山響齋)'라 하고 네 곳의 벽에 산수화를 그려 붙였다. 당시 강세황은 신경 계통 병으로 건강이 좋지 않아 밖으로 다닐 수가 없었다. 실경을 보면서 그림을 그려야 하는데 그럴 수 없었던 것이다. 그래서 집안에 앉아 산수를 그리기 시작했다. 산수화는 그리면 그릴수록 어려웠다. 그래서 산수화보다 어려운 것이 없다고 고백할 정도였다. 산수화를 즐겨 그리다 보니 어느새 몸의 병이 다 나았다. 그는 병이 나은 것을 중국 구양자의 말을 빌어 표현했다. "거문고를 배워서 즐기니 병이 자기 몸에 있는 것을 모른다."[35]

서른 살 무렵, 그의 집안이 크게 기울게 되었다. 예조판서를 지낸 부친 강현이 세상을 떠났고, 형은 '이인좌의 난'에 연루되어 유배를 갔다. 강세황은 처가가 있는 안산으로 내려갔다. 그곳에는 실학자 성호 이익이 있었다. 그는 이익의 제자가 되어 훌륭한 가르침을 받았다. 이익 집에는 중국에서 구해온 엄청난 양의 책들이 있었는데 강세황은 이 책들을 통해 중국의 새로운 문물을 배우고 익혔다. 그리고 안산에서 예순이 될 때까지 살면서 시서화 공부를 하였다.

안산은 강세황의 예술 세계와 매우 밀접히 관련되어 있다. 안산 시절, 그는 쌀이 없을 정도로 가난했지만 학문에 매진했다. 그리고 예순이 넘은 나이에 처음으로 벼슬길에 올랐다. 종9품의 영릉 참봉이 된 것이다. 그 후 예순여섯 살에는 문신정시에서 급제했다. 문신정시란 당상관 정3품 이하 문신에게 임시로 실시한 과거 시험이다. 그 후 그는 일흔이 넘은 나이에 병조참판(종2품)과 한성판윤(정2품)을 지냈다. 그래서 강세황 집안은 영광스럽게도 삼세기영지가(三世耆英之家)가 되었다. 할아버지와 아버지에 이어 자신까지 삼대 째 정2품 이상의 벼슬을 지냈기 때문에 기로사(耆老社)에 들어간 것이다. 기로사는 나이가 많은 문신을 예우하기 위해 설치한 국가 기구이다. 이것은 흔한 일이 아니었다.

말년에 그는 서울 남산 기슭에서 거문고를 즐기며 살다가 한겨울에 병이 들어 세상을 떠났다. 떠나기 전 붓을 달라고 하고는 "푸른 소나무는 결코 늙지 않는다. 학과 사슴이 일제히 우는구나(蒼松不老 鶴鹿齊鳴)"라는 글을 남겼다.[36]

조선 최초의 프로페셔널 화가 호생관 최북

최북(崔北, 1720~미상)의 자는 '칠칠(七七)'이고 호는 '삼기재(三奇齋)' '호생관(毫生館)'이다. 그의 자가 칠칠인 것은 자신의 이름자인 북(北)을 둘로 나눠서 칠칠(七+七)이라고 한 것이다. 우리말로 읽으면 좋은 의미의 칠칠 뜻이 담겨있고, 마흔아홉(7×7=49)까지 산다는 뜻이 되기도 한다. 삼기재는 시서화에 모두 뛰어나다는 뜻이고, 호생관은 붓으로 먹고산다는 뜻이다. 특히 호생관에는 그림 그리는 화가의 정체성과 직업의식 그리고 프로페셔널 정신이 분명하게 들어있다. 그래서 그에게는 도화서에서 그림 그리며 녹봉을 받는 화원이 아니라 그림으로 생계를 유지한 조선 최초의 프로페셔널 화가라는 타이틀이 늘 붙어 다닌다.

사람들은 최북을 조선의 고흐라고 한다. 그런데 최북의 광기가 고흐보다 한 수 위다. 조선 후기 화가 이한철이 그린 최북의 초상화를 보면 알 수 있다. 그 그림에는 긴 수염을 한 최북이 사모관대를 썼는데 오른쪽 눈은 감고 왼쪽 눈만 뜨고 있다. 한쪽 눈을 감은 것처럼 보이기도 하는데 감은 것이 아니라 눈이 먼 것이다.

그 눈에는 고흐보다 더 강한 스토리가 담겨있다. 어떤 높은 벼슬을 가진 사람이 최북이 그림을 잘 그린다는 소문을 듣고 찾아와 그림 한 점을 부탁했다. 그런데 공손히 부탁한 것이 아니라 위협하듯이 명령한 것이다. 자존심 강한 최북은 그 말을 듣자마자 화가 치밀어 올라 날카로운 것으로 자신의 눈을 찔렀다. 그 눈에서는 붉은 피가 쏟아져 나왔다. 그리고 나머지 한쪽 눈으로 그 벼슬아치를 노려봤다. 벼슬아치는 무서워서 도망갔다. 최북은 이런 당당한 모습을 한 예술가다.[37]

최북에게는 많은 별명이 있다. 그중 가장 유명한 별명은 '최 메추라기'이다. 이 별명이 유명해진 이유는 메추라기 그림에서 최북을 따라올 사람이 없기 때문이다. 고려대 박물관에 소장된 〈메추라기〉 그림에는 두 마리 메추라기가 등장한다. 한 마리는 하늘을 보고 있고, 다른 한 마리는 땅에서 모이를 쪼고 있다. 메추라기 곁에는 활짝 핀 국화와 바람에 흔들리는 갈대가 있다. 메추라기와 갈대는 절묘한 궁합이다. 메추라기와 갈대의 한자어를 중국어로 바꾸면 '편안하다'는 뜻이 된다. 그래서 사람들은 집안에 메추라기 그림을 들여놓길 원했다. 자연히 메추라기를 잘 그리는 최북에게 많은 사람이 그림을 부탁했다. 그래서 최북의 별명이 최 메추라기가 된 것이다.

그는 술을 무척 좋아했다. 하루에 대여섯 되의 술을 마셨다고 전해진다. 술이 떨어지면 집에 있는 모든 것을 팔아서 술을 받아왔다. 그래서 살림살이는 늘 옹색했다. 조선팔도를 비롯해 북으로는 만주, 남으로는 일본까지 가서 그림을 그렸다. 사람들은 최북의 그림을 사기 위해 돈과 비단을 들고 줄을 섰다. 그의 그림은 인기가 높았다. 들락날락하는 사람들이 많아 문지방이 다 닳을 정도였다.

이와 관련된 다음과 같은 이야기가 전해진다. 어떤 사람이 산수화를 그려 달라고 부탁했다. 최북은 산을 그리고 물은 그리지 않은 채 그림을 완성했다. 그러자 그림을 의뢰한 사람이 "산수화에 산만 있고 물은 없지 않습니까?"라고 따져 물었다. 최북은 붓을 내던지며 "그림 밖은 모두 물이란 말이오!" 하고 소리를 질렀다. 그는 자기 마음에 드는 그림만 그렸는데 그림 값을 적게 받으면 무척 화를 내며 그 그림을 찢어버렸다. 그런가 하면 그린 그림이 마음에 들지 않았는데도 그림을 의뢰한 사람이 그림 값을 후하게 쳐주면 돈다발을 집어 던지며 "그림 값도 모르는 놈!"이라고 욕설을 해댔다.[38]

이런 일화도 있다. 최북이 어느 날 금강산 구룡연에 들어갔는데 그곳의 경치가 기가 막히게 좋았다. 그래서 술을 잔뜩 마시고 울기도 하고 웃기도 하며 소리를 냅다 질렀다. "천하 명인 최북은 마땅히 천하 명산에서 죽어야 한다." 그러고는 거대한 연못 속으로 풍덩 뛰어내렸다. 연못 속에서 허우적거리는 것을 마침 그곳을 지나던 사람이 구해주었다. 최북을 건져내 넓은 바위 위에 눕혀 놓았다. 그는 숨이 차서 헐떡거리다가 갑자기 일어났다. 그러고는 큰소리로 휘파람을 불었다. 휘파람 소리가 숲에 길게 울려 퍼졌다. 그러자 숲속에 있던 까마귀들이 일제히 울면서 날아갔다. 위의 일화는 모두 후대 화가인 조희룡이 들려준 이야기이다. 이래서 최북을 기인(奇人)이라 하는 것이 아닐까?

나에게 최북의 대표 작품을 하나 고르라고 하면 〈풍설야귀도(風雪夜歸圖)〉를 택하겠다. 이 그림은 최북의 매서운 성격이 그대로 드러난 지두화(指頭畵)이다. 지두화란 붓으로 그리는 것이 아니라 손에 먹을 묻혀 그린 그림이다. 북풍한설이 몰아치는 깊은 산골의 어두운 밤, 나무들은 강풍에 부러질 기세이고 지팡이를 든 선비가 그 추운 길을 걸어가는 모습을 그린 그림이다. 손가락과 손톱으로 날카로운 준봉(峻峯)

과 나뭇가지들을 매섭게 그렸다.

최북의 말년은 참으로 쓸쓸했다. 극심한 가난에 시달리다가 어느 겨울밤 술에 취해 성벽 아래서 죽었다고 전해진다. 마치 이 그림이 최북의 죽음을 예견한 듯하다. 그과 같은 시대를 살았던 문신 신광하는 〈최북가(崔北歌)〉를 지어 애도했다.[39]

"북망산 흙 속에 묻힌 만골(萬骨)에게 묻노니 어찌하여 최북은 삼장설(三丈雪)에 묻혔단 말인가 오호라! 최북은 몸이 얼어 죽었어도 그 이름은 영원히 사라지지 않으리."

국립중앙박물관에는 최북이 그린 〈토끼를 잡아챈 매〉가 소장되어 있다. 최북의 눈빛을 닮은 매의 그 노란 눈빛이 문득 보고 싶어진다.

'國手'라 불리다 화재 변상벽

변상벽(卞相璧, 1730~1775)은 조선 후기에 활동한 도화서 화원이다. 자는 '완보(完甫)'이고 호는 '화재(和齋)'이다. 벼슬은 현감을 지냈으며, 국수(國手)라고 불릴 정도로 인물 초상화를 잘 그렸다. 그가 그린 초상화는 무려 100여 점이 넘는다고 하는데 실제 전해지는 작품은 거의 없다. 국립중앙박물관에 영조 시대 문인 윤급의 초상화가 있는데 그 그림을 변상벽이 그렸다고 전한다. 그리고 영조의 어진을 그릴 때 책임을 맡은 주관 화사(畫史)로도 활동했다고 한다. 변상벽은 말씨가 어눌했다. 그래서 그는 사람들을 만나길 꺼렸고, 그림을 부탁받아도 대부분 거절했다. 모임에 초대받아도 기뻐

변상벽, 묘작도(국립중앙박물관 소장)

하지 않았고 모임에서 도망치거나 아무 말 없이 사라지기도 했다. 그는 보통 사람과는 다른 기이한 사람이었나 보다.

변상벽은 정밀 묘사에 뛰어났다. 고양이와 닭을 실물보다 더 리얼하게 그렸다. 그래서 그를 변고양이(卞古羊 卞怪樣 卞猫), 변닭(卞鷄)이라 부르기도 했다. 얼마나 실물과 똑같이 그렸으면 그와 같은 별명이 붙었을까? 실제로 그가 그린 〈묘작도〉〈국정추묘도〉〈모계영자도〉 등을 보면 그 말이 사실임을 알 수 있다.

우선 〈묘작도(猫雀圖)〉를 살펴보자. 묘작에서 묘(猫)는 고양이이고, 작(雀)은 참새이다. 따라서 이 그림은 고양이와 참새를 그린 작품이다. 왼쪽에는 고목이 기운차게 서 있는데 마치 용이 하늘로 승천하는 것 같다. 나무 중간에 박혀있는 커다란 옹이가 오래된 나이를 말해주는 듯하다. 붓질도 매우 강하게 했다. 위에 있는 나뭇가지에는 참새 여섯 마리가 이가지 저 가지 옮겨 다니면서 지저귀고 있다. 나무 중간에는 줄무늬 고양이가 있다. 참새를 노리는 듯한데 고개를 휙 돌려 아래를 내려다본다. 풀밭에는 검은 고양이가 오른쪽을 향해 앉았다. 그런데 고개를 돌려 나무 위의 줄무늬 고양이를 쳐다보고 있다. 서로가 교감을 하는 듯하다.

줄무늬 고양이의 동그란 눈과 쫑긋한 귀 그리고 나무를 꼭 부둥켜안고 있는 앞발과 뒷발이 절묘하다. 고개 돌린 검은 고양이 머리의 눈과 귀, 코 그리고 가슴의 흰색과 등의 검정색 또한 절묘하다. 고양이를 만지면 털이 보슬보슬하게 느껴질 정도로 디테일하다. 고양이의 모습과 색은 서로 조화를 이루는 동시에 대조를 이루고 있어 절로 탄성이 나온다.

조선 시대 화가들은 고양이와 참새가 함께 있는 그림을 왜 그렸을까? 고양이를 한자로 '묘(猫)'라고 한다. 이 발음은 중국에서 70세 노인을 가리키는 '모(耄)'와 동일하다. 그래서 고양이는 장수한 노인을 상징한다. 또한 참새는 한자로 '작

(雀)'이라고 하는데 벼슬 '작(爵)'과 비슷하다. 따라서 고양이와 참새를 같이 그린 〈묘작도〉는 오래오래 살면서 높은 벼슬을 하라는 축복의 메시지를 담고 있다.[40] 이런 그림을 길상화(吉祥畵)라고 하는데 여기에는 '복을 빌어주는 그림'이라는 뜻이 담겨있다.

또 다른 고양이 그림인 〈국정추묘도(菊庭秋猫圖)〉를 살펴보자. 그림의 제목을 풀면 '국화꽃이 핀 가을 정원의 고양이'라는 뜻이다. 붉은 들국화가 만발한 것을 보니 늦가을인가 보다. 등에 검은 무늬가 박혀있는 고양이가 앞발을 가슴에 바짝 붙인 채 웅크리고 있다. 부드러운 털이 한 올 한 올 살아있다. 두 귀는 바짝 세우고 노란 눈은 동그랗게 뜨고 왼쪽의 무엇인가를 잔뜩 노려보고 있다. 콧등에는 가느다란 수염이 부채처럼 펼쳐 있고, 기다란 꼬리는 접어서 앞발까지 가져다 놓았다. 연두색 바탕에 검은 고양이 그리고 빨간색 국화가 앙상블을 이루고 있어 묘한 분위기다.

마치 미야자키 하야오의 애니메이션 〈이웃집 토토로〉에 나오는 그 착한 고양이 버스와 이미지가 비슷하다. 무엇이든지 소원하는 것은 다 들어줄 마법의 고양이 모습이다. 고양이를 이렇게 착하고 순하게 그린 것으로 보아 변상벽은 고양이를 무척이나 좋아하고 사랑했던 사람이었나 보다. 인성이 순하고 어진 사람이었음이 틀림없다. 이 그림은 간송미술관에서 소장하고 있다.

영조 때의 문인인 정극순은 '변씨화기(卞氏畵記)'라는 글에서 고양이 그림 이야기를 남겼다. 변상벽은 고양이 그림에 뛰어나 한양에서 크게 명성을 날렸는데 그에게 그림을 받으려고 백 명 이상이 매일 문밖에서 대기했다고 한다. 정극순도 그의 그림을 얻으려고 집으로 초대하여 이틀간 머무르게 하고 그림을 얻었다고 했다. 고양이가 앉아있는 모습, 조는 모습, 새끼를 데리고 장난치는 모습, 나비를 돌아보는 모습, 엎드려 닭을 노려보는 모습을 그렸는데 모두 살아 움직이는 듯했다고 전한다. 뿐만 아니라 고양이의 모습이 실물과 똑같아서 까치가 까악 울기도 하고, 개가 돌아보고 컹컹 짖기도 하며, 쥐들도 무서워 구멍으로 숨었다고 했다.

변상벽은 이에 대해 "재주란 넓으면서도 조잡한 것보다는 차라리 한 가지에 정밀하여 이름을 이루는 것이 낫다"라고 하면서 "산수화를 그리는 것을 배웠지만 지금의 화가를 압도하여 그 위로 올라설 수 없다는 것을 알기에 사물을 골라서 연습했다"라고 자신의 속마음을 털어놓았다. 또한 "고양이가 노는 모습을 오랫동안 관찰하면 그 모습이 눈에 들어오게 되고 그러면 고양이의 형태가 손을 통해 나오게 된다"라고도 했다. 이렇게 해서 그는 고양이 그림에 있어서 독보적인 존재가 된 것이다.[41]

그는 다른 화가들이 성공한 분야인 산수화로 가면 성공할 수 없다는 것을 너무도 잘 알았기에 그들이 손대지 않은 고양이 그림에 뛰어들어 승부를 낸 것이다. 즉 화가들끼리 치열하게 다투는 레드 오션이 아니라 아무도 가지 않은 블루 오션으로 독보적인 존재가 된 것이다.

고양이 그림을 잘 그리려면 변상벽이 말한 대로 고양이를 오랫동안 관찰해야 한다. 현대 서양화가인 이중섭이 그렇게 해서 소와 닭을 그렸다. 이중섭은 일단 좋아하는 소재가 생기면 소재와 친해지는 시간을 가졌다. 예를 들어 일단 소에 사로잡히면 제일 먼저 들에 나가 해가 지도록 소만 바라보았다. 그저 바라보기만 했던 것이 아니라 소를 쓰다듬고 어루만지며 보고 또 보았다. 닭도 마찬가지다. 닭을 방 안에 들여 놓고 함께 놀면서 잠을 자기도 했다. 그러다 몸에 닭 이가 옮아 고생도 했다고 한다. 또한 이런 친밀함과는 반대로 닭을 잡아먹기도 했는데, 그렇게 해서 슬픈 감정이 생기면 비로소 그림을 그렸다고 한다.[42]

나는 예전에 '예술과 빵'이란 과목을 가르친 적이 있다. 학생들에게 시련과 역경을 극복할 예술혼을 길러주기 위해 개설한 강좌였다. 그래서 예술혼에 대해 역사적으로 살펴보는 강의를 했고, 예술혼이 뜨겁게 담긴 영화도 보여주었다. 신체적인 장애를 극복하고 멕시코의 위대한 화가가 된 프리다 칼로의 삶을 그린 〈프리다〉와 말년에 귀가 거의 들리지 않은 상태에서 교향곡 9번 합창을 작곡하고 지휘한 모습을 그린 〈카핑 베토벤〉이었다. 또한 내 나름대로 선정한 명시를 학생들에게 한 장씩 나누어 주었다. 험난한 예술가의 길을 걸어가는 데 조금이나마 도움이 되길 바라는 마음에서였다. 그중 로버트 프로스트의 '가지 않은 길'이 있었다.[43]

"노란 숲속에 길이 두 갈래로 났었습니다. 나는 두 길을 다 가지 못하는 것을 안타깝게 생각하면서 …… 나는 사람이 적게 간 길을 택하였다고, 그리고 그것 때문에 모든 것이 달라졌다고."

변상벽은 가지 않은 길의 주인공처럼 남들이 다 가는 넓게 난 길로 가지 않고 풀이 더 있고 사람이 걸은 자취가 적은 길을 택해 끝까지 걸어갔기에 성공한 것이다.

조선의 르네상스를 열다 단원 김홍도

사람들이 둥그렇게 둘러앉아 있다. 갓 쓴 양반, 벙거지 쓴 상민, 상투 튼 어른, 머리 딴 아이가 서로 섞여 구경하고 있다. 개중에는 갓을 내려놓은 사람도 있고, 신발을 벗은 사람도 있고, 부채질하며 더위를 식히는 사람도 있다. 엿장수가 엿판을 목에 걸고 '엿 사시오' 소리 지르며 다닌다. 씨름꾼 둘이 상대방을 쓰러뜨리려고 애쓰고 있다. 사람들은 흥에 젖어 입을 벌린 채 구경하고 있다. 갑자기 한 사람이 냅다 소리를 지르며 상대방 오른쪽 다리를 들어 올린다. 그러자 구경꾼들이 일제히 환호성을 지른다. 음력 5월 5일 단옷날 씨름판이다.

김홍도, 씨름, 『단원 풍속도첩』(국립중앙박물관 소장)

　단원 김홍도(金弘道, 1745~1806)의 〈씨름〉이다. 이 그림은
그냥 조선 시대 풍속을 그린 그림이 아니다. 양반과 상민 그
리고 어른과 아이의 신분이 엄격했던 조선 시대에 이 그림
은 파격적이었다. 신분제도를 없애고자 노력한 정조의 생각

을 김홍도가 그대로 담아 놓은 그림이다. 정조는 온 나라 백성이 행복하고 평화롭게 살기를 원했다. 정조가 꿈꾸던 태평성대를 김홍도는 이런 풍속화 작품으로 완성해냈다. 그래서 그의 풍속화에 등장하는 인물들은 모두 웃음을 머금고 통통한 얼굴을 하고 있다.

이런 김홍도를 정조는 끔찍이 아꼈다. "그림에 대해서는 홍도에게 맡겨라"라고 할 정도였다. 김홍도는 임금의 초상화를 두 번씩이나 그렸다. 한번은 정조의 할아버지인 영조의 어진을 그렸고, 또 한 번은 정조의 어진을 그렸다. 정조의 어진을 잘 그린 공로로 충청도 연풍 현감이 되기도 했다. 과거 시험을 치르지 않고 그림으로 현감 벼슬을 얻은 것이다. 매우 특별한 일이다. 어진은 조선에서 그림을 제일 잘 그리는 도화서 화원이 그렸다. 그들을 어용화사(御用畵師)라 불렀는데 이것은 최고의 명예였다. 이런 어용화사는 한 번 되기도 힘든데 김홍도는 두 번씩이나 되었다.

김홍도는 술을 무척 좋아했는데 술과 관련된 일화가 전해진다. 집이 가난해서 끼니조차 잇지 못할 때였다. 어느 날, 어떤 사람이 모양이 특이하게 생긴 매화 화분을 팔고 있었다. 김홍도는 매화를 무척 좋아했다. 묘하게 생긴 매화에 자꾸 눈이 갔다. 집에 놓고 키우고 싶은 생각이 들었다. 그런데 매화를 살 돈이 없었다. 며칠이 지나도 그 매화가 자꾸 눈에 아른거렸다. 마침 그에게 그림을 그려달라고 돈 삼천을 보내온 사람이 있었다. 돈이 생기자 얼른 매화 파는 사람에게 달려갔다. 이천을 주고 매화를 샀다. 그리고 팔백으로는 술을 몇 말 샀다. 친구들과 매화 술자리를 갖고 싶었던 것이다. 그는 친구들과 매화를 즐기며 거나하게 술을 마셨다. 돈은 이백밖에 안 남았다. 그것으로 쌀과 땔감을 사니 앞으로의 생계가 막막했다.[44] 김홍도는 이렇게 술을 좋아했다. 나중에 이 술이 그의 건강을 크게 해치게 된다.

김홍도는 음악적인 재능도 가지고 있었다. 거문고, 퉁소, 대금, 가야금, 비파 등의 악기를 연주했는데 〈단원도(檀園圖)〉에 거문고를 연주하는 자신의 모습을 표현했다. 그의 〈포의풍류도(布衣風流圖)〉는 비파를 가슴에 안고 연주하는 모습을 그렸고 〈월하취생도(月下吹笙圖)〉는 생황을 부는 모습을 그렸다.

〈월하취생도〉는 달빛이 비친 방 안에 준수한 용모의 젊은 선비가 넓은 파초 잎 두 장을 바닥에 깔고 생황을 부는 모습을 표현하고 있다. 선비는 무릎을 세워 그 위에 두 팔을 올리고 그윽하게 생황을 분다. 선비의 오른쪽에는 술병과 술잔이 있고, 왼쪽에는 두루마리 족자 두 개와 먹과 벼루 그리고 붓 두 자루가 가지런히 놓여있다. 그림을 그리기 전 마음을 차분히 가라앉히기 위해 생황을 부는 것이다. 그림에는 "달빛이 비친 방에서 들리는 생황 소리는 용의 울음소리보다 더 처량하다(月堂凄切勝龍吟)"라는 문구가 있다.

법정 스님은 송광사 불일암에서 지낼 때 이 그림이 너무 좋아 흉내를 냈다. 여름날 산그늘이 내릴 무렵, 스님은 후박나무 아래 파초 잎을 하나 베어다 마당에 펼쳐 놓고 맨발로 그 위에 앉아 앞산을 바라보았다. 자신이 마치 신선이 된 기분이었다. 특히 파초 잎에 살갗이 닿는 감촉이 독특해서 더위가 삽시간에 사라졌다. 그러면서 스님은 조상들의 더위 식히는 멋스러운 풍류에 대해 이야기했다.[45]

김홍도가 취중에 그린 그림이 있다. 그것은 〈지장기마도(知章騎馬圖)〉로 널리 알려진 작품은 아니다. 그가 술에 취해 그림을 그렸다는 증거는 막 갈겨쓴 글씨와 빠른 속도로 그려나간 붓 길에 있다. 특히 우물 '井'의 획이 길게 내려오면서 비비 꼬인 것을 보면 술이 많이 취했음을 알 수 있다. 말 탄 사람도 취했고, 따라가는 사람도 취했고, 말도 취한 듯 고개를 숙였다. 이 그림의 주인공은 당나라 때의 유명한 문신이자 술꾼인 하지장이다. 그림 내용도 재미있지만 미술평론가 오주석 선생이 날카롭게 찾아낸 것처럼 그림 속의 인장에 특별한 의미가 담겨 있다.[46] 그림 왼쪽에 찍힌 인장은 '臣洪道'로 그 뜻은 '신하 김홍도가 그렸습니다'이다.

이러한 인장을 찍은 것으로 보아 이 그림은 자신을 그토록 아꼈던 정조에게 바치는 그림일 것이다. 정조는 김홍도가 이 그림을 그리기 전에 세상을 떠났다. 정조가 세상을 떠나자 김홍도의 처지는 말이 아니었다. 예순이 다 된 나이에 규장각으로 불려 나와 한참 어린 화원들과 같이 시험을 치러야 했다. 시험을 보면서 얼마나 서글픈 생각이 들었을까? 그리고 정조가 얼마나 사무치게 그리웠을까? 그래서 술에 취해 〈지장기마도〉를 그린게 아닐까 싶다.

그의 호인 단원(檀園)은 '박달나무 숲'이란 뜻으로 명나라 문인 화가 이유방의 호이기도 하다. 이유방은 성품이 훌륭했을 뿐만 아니라 시와 글씨, 그림에도 뛰어났다. 김홍도는 그를 존경해 단원이란 호를 그대로 가져다 썼다. 사람들은 김홍도를 풍속화 화가로만 기억한다. 하지만 김홍도는 산수화, 인물화, 화조화, 초충화, 영모화, 신선도에 뛰어났다. 그중에서도 신선도를 잘 그렸다.

김홍도의 신선도 중 단연 독보적인 그림은 리움미술관에 소장된 여덟 폭 병풍 〈군선도병(群仙圖屛)〉이다. 중국 곤륜산에 산다는 신녀 서왕모의 초대를 받은 신선들이 무리 지어 물 위를 건너가는 모습을 그린 그림이다. 신선들의 제각기 다른 표정과 바람에 펄럭이는 옷자락 그리고 나귀와 동자의 모습이 실제 모습인 듯 생생하다. 그림을 가만히 들여다보면 마치 장자나 노자의 『도덕경』을 읽는 것 같은 착각에 빠진다. 그래서 더욱 신비롭다.

경기도 안산에는 '단원구'라는 행정구역이 있다. 김홍도가 이곳에서 어렸을 때부터 그림 공부를 해서 붙여진 지명이다. 그의 스승은 조선 최고의 문인 화가 표암 강세황이다. 표암은 시, 글씨, 그림에 뛰어난 재주를 지니고 있어 삼절이라 불렸다. 그런 훌륭한 스승이 안산에 살았고, 그에게서 그림과 학문을 공부했다. 표암은 제자 김홍도를 다음과 같이 기록하고 있다.

"사능(士能, 김홍도의 자)의 인품은 얼굴이 빼어나게 준수하고 마음이 툭 트여 깨끗하니, 보는 사람마다 고아하고 탈속하여 시정의 용렬하고 좀스런 무리가 아님을 알 수 있다. 성품이 거문고와 피리의 청아한 소리를 좋아하여 꽃피고 달 밝은 밤이면 때때로 한두 곡조를 연주하여 스스로 즐겼다."[47]

표암은 신필의 재주를 지닌 제자 김홍도를 도화서 화원으로 추천했다. 도화서 화원이 된 김홍도는 그곳에서 조선 미술사에 길이 남을 명작들을 줄줄이 그려 조선의 르네상스를 활짝 열었다. '청은 남에서 나나 남보다 푸르다'라는 청출어람(靑出於藍)을 제대로 보여준 것이다.

김홍도의 고장에는 서울예술대학교가 자리 잡고 있다. 홀

릉한 예술가를 꿈꾸는 젊은이들이 모여드는 학교다. 또한 이곳에는 우리나라 최초의 예술인 공동체 마을인 예술인 아파트가 오래전에 건립되어 예술가들이 한데 모여 살고 있다. 이는 우연이 아니라 필연이란 생각이 든다. 단원 김홍도가 예술을 사랑하는 사람들을 안산으로 불러들인 것이다. 단풍잎이 곱게 물드는 가을이 오면 김홍도가 어린 시절을 보냈다는 노적봉 아래 박달나무 숲을 찾아가야겠다.

스펙터클 〈강산무진도〉 고송유수관도인 이인문

이인문(李寅文, 1745~1824)의 자는 '문욱(文郁)'이고 호는 '고송유수관도인(古松流水館道人)'이다. 그의 예술 세계를 이해하려면 자와 호를 제대로 알아야 한다. 우선 자 '문욱'은 논어에 나오는 말이다. "공자께서 말씀하시길 주나라의 제도는 하나라와 상나라의 전통을 이어받은 것이다. 그래서 주나라 문화가 찬란히 빛나는 것이다. 그러므로 주나라 문화를 따라야 한다(子曰 周監於二代 郁郁乎文哉 吾從周)." 이 말 속에서 '문욱'을 가져다 쓴 것이다. 그의 자에서 유추해볼 수 있듯 이인문은 당대의 회화 흐름을 따라가지 않고 전통적인 방식을 고집했다. 예를 들면 당시 유행하던 풍속화에 손을

대지 않고 전통적인 산수화를 그렸다. 호 '고송유수관도인'
은 두 글자 관행을 깨고 파격적으로 일곱 글자로 지었다. 호
는 대개 자신의 가치관을 나타낸다. 이인문의 호를 풀면 '오
래된 소나무가 있고 냇물이 흐르는 집에 사는 도인'이란 뜻
이다. 사실 이인문은 자신의 호대로 소나무를 즐겨 그렸고
소나무 그림으로 새로운 경지에 도달한 사람이다.

이인문은 정조 시대의 도화서 화원이다. 그의 집안은 대
대로 중인 계층으로 역관, 의관, 산관, 율관을 지냈다. 화원
이 된 것은 이인문이 처음이다. 이인문은 같은 도화서 화원
인 김홍도와 동갑이었다. 그래서 궁중 기록화를 함께 그리
며 무척 가깝게 지냈다. 그는 40년이란 긴 세월을 궁중 화원
으로 일했다. 그의 작품들로는 〈강산무진도〉 〈단발령망금강
도〉 〈선동전다도〉 〈송하담소도〉 〈송계한담도〉 〈하경산수도〉
등이 있다.

이제 이인문의 작품을 하나씩 살펴보자. 우선 그의 대표
작이라 할 수 있는 〈강산무진도(江山無盡圖)〉를 펼쳐보자. 이
그림은 조선 시대의 이상향을 그린 그림으로 국가 보물이
다. 그림의 크기는 8미터가 훨씬 넘는다. 커다란 비단에 봄,
여름, 가을, 겨울 사계절의 경치를 끝이 없도록 그렸다. 멀면
서도 가깝고, 깊으면서도 부드럽고, 높으면서도 나지막한 산
들, 산등성이의 수많은 소나무와 울울창창한 숲들, 깊은 계

곡에서 콸콸 쏟아져 내려오는 물줄기, 유유히 흐르는 넓은 강과 그 위에 떠 있는 수많은 배, 마을 곳곳에 연이은 기와 집, 넓은 성안에 편하게 자리 잡은 마을, 길고도 가파른 길을 오르면 나타나는 화려한 집들, 다리 위를 건너는 사람들, 성 안으로 들어가는 사람들, 호젓하게 노 젓는 뱃사공, 말 타고 유람하는 사람들, 논과 밭에서 농사짓는 사람들, 장터에서 물건을 팔고 사는 사람들.

정말 산이고 들이고 강이고 집이고 배고 말이고 사람이고 무진장 그렸다. 무더기로 그냥 그린 것이 아니라 가는 붓으로 정성껏 세밀하게 그렸다. 내가 어렸을 때 〈벤허〉 같은 대형 영화가 극장에서 종종 상영되었다. 극장 간판과 영화 포스터에는 늘 '스펙터클 총천연색 시네마스코프'란 말이 쓰여 있었다. 이인문의 〈강산무진도〉 또한 그런 대형 영화처럼 스펙터클 총천연색 시네마스코프라는 생각이 든다. 2020년 여름 국립중앙박물관에서 '새 보물 납시었네, 신(新)국보 보물전 2017~2019'가 열렸다. 그때 〈강산무진도〉가 8미터의 길이를 다 드러낸 채 전시되었다. 당시 대통령도 마스크를 쓰고 작품을 관람했다. 그런데 나는 그만 그 귀한 기회를 놓치고 말았다. 언제 다시 볼 수 있을까?

다음은 〈단발령망금강도(斷髮嶺望金剛圖)〉로 단발령에서 금강산을 내려다본 모습을 그린 그림이다. 단발령은 금강산을 오를 때 한눈에 금강산을 바라볼 수 있는 첫 번째 고개이다. 단발령을 세 사람이 오른다. 앞장선 사람은 양반인 듯 가장 먼저 단발령에 올라 금강산을 내려다보고 있다. 그 뒤에는 갓 쓰고 봇짐 진 사람이 힘겹게 따른다. 그리고 제일 뒤에는 지팡이를 짚은 사람이 큰 걸음으로 오른다. 산신령 같은 소나무가 단발령 고개에서 이들을 맞이한다. 저 멀리 보이는 일만이천봉의 장엄한 금강산 모습은 마치 신선들만 사는 천상 세계 같다. 금강산의 봉우리들이 뾰족하고 희어 속인들은 결코 가깝게 다가갈 수 없을 것 같다.

금강산과 단발령 사이를 거대한 구름이 덮고 있어 금강산의 신비로움이 더욱 깊고 커진다. 수많은 화가가 단발령에서 금강산을 바라본 그림을 그렸다. 대표적으로 정선의 〈단발령망금강산〉을 들 수 있다. 이인문의 단발령 그림은 정선의 단발령 그림과는 다르다. 단발령과 금강산이라는 소재는 같은데 묘사 방법이 다르다. 이인문은 독특한 붓질과 색다른 시각 효과를 주는 구도법으로 정선의 작품과 거리를 두고 있다. 미술평론가들은 이 작품을 이인문의 대표작으로 손꼽는다. 유홍준 교수는 "〈단발령망금강도〉는 그의 최고 명작이자 한국 회화사의 명장면으로 꼽을 수 있다. 겸재 정선을 비롯하여 많은 진경산수 화가들이 이와 비슷한 구도의 그림을 그렸지만 이인문처럼 미묘한 번지기와 먹빛의 강약 조절을

능숙하게 구사하지는 못했다"라고 하면서 이인문의 손을 들어주었다.[48]

이인문의 〈선동전다도(仙童煎茶圖)〉를 살펴보자. 선동(仙童)은 선경에 산다는 어린 신선이고, 전다(煎茶)는 차를 달이는 것을 뜻한다. 따라서 그림 제목을 풀면 '신선들이 사는 세상에서 어린 신선이 차를 달이는 그림'이라 할 수 있다.

더벅머리 어린 신선이 고개를 잔뜩 숙인 채 화로에 부채질하고 있다. 화로에는 차를 끓이는 탕기가 놓여있다. 부채질할 때마다 불이 활활 타오른다. 어린 신선 옆에는 큰 뿔 달린 사슴 한 마리가 무릎을 꿇고 온순한 표정으로 차 달이는 것을 바라보고 있다. 그들 옆에는 어마어마하게 큰 소나무가 가지 하나를 축 늘어뜨리고 있다. 수령이 천년은 족히 넘었을 것 같다. 소나무의 껍질은 장군 갑옷처럼 두껍고 가는 소나무 잎에서는 파릇파릇 생명이 돋아난다. 소나무의 외형을 굵은 붓으로 거칠게 칠해 풍기는 기운이 힘차다. 소나무 아래에는 불로초라 불리는 영지버섯이 꿈틀거리고 있다. 또한 소나무 뒤로는 수직 폭포가 엄청난 소리를 내며 떨어지고 있다.

그림의 왼쪽에는 간재 홍의영이 쓴 화제가 적혀있다. "너와 사슴이 함께 잠들면 약 달이는 불이 시간을 넘기리라(汝與鹿俱眠 耗藥之火候過時)." 이 그림의 콘텐츠는 '어린 신선, 노송, 사슴, 폭포, 차'이다. 다섯 개의 콘텐츠가 홀로 또는 서로 섞이면서 그림의 신비로운 분위기를 상승시키고 있다. 어린 신선이 달인 차는 얼마나 맑고 향기로울까? 나도 그 차 한 잔 얻어 마시고 싶다. 그런데 어린 신선이 차를 건넬 것 같지 않다. 이미 나는 '홍진(紅塵)에 썩은 명리(名利)'에 잔뜩 물들어 있기 때문이다.

조선을 문화 대국으로 만들다 정조

영조의 뒤를 이어 즉위한 정조(正祖, 1752~1800)는 비명으로 죽은 사도세자의 아들이다. 정조는 세손 때부터 학문을 연마하여 자신감을 가지고 군사(君師, 임금인 동시에 스승)의 군주상을 표방했다. 그래서 자신을 '만천명월주인옹(萬川明月主人翁)'이라 칭하면서 시냇물을 비추는 달처럼 모든 백성을 사랑하는 정치를 펼쳤다.[49] 정조의 자는 '형운(亨運)'이고 호는 '홍재(弘齋)'이다. 그의 호를 딴 『홍재전서(弘齋全書)』는 전 세계에서 유례를 찾아볼 수 없을 정도로 독보적인 왕의 문집이다. 정조가 동궁 때부터 국왕 재임까지 지었던 여러 시문, 윤음, 교지 등을 엮었다.

그의 할아버지 영조는 손자인 이산(정조)을 무척이나 아꼈다. 『조선왕조실록』은 영조가 이산을 한 번도 꾸짖지 않고 칭찬만 했다고 기록하고 있다. 이산을 못마땅하게 여긴 노론 대신들은 그를 암살하려고 했다. 이를 알아차린 이산은 오로지 학문에만 열중했다. 그래서 일부러 첫닭이 울기 전까지 잠을 자지 않고 책만 읽었고, 어쩌다 잠자리에 들게 되면 만일의 사태에 대비해 두꺼운 옷을 입고 잤다고 전한다.[50] 그래서 임금으로 즉위하고는 자신의 신변을 보호할 친위대 장용영(壯勇營)을 운영했다.

정조 시대는 경제적으로도 강력했으며, 문화적으로도 청나라의 강희·옹정·건륭 문화와 쌍벽을 이룰 정도로 찬란한 문화대국이었다.[51] 조선 후기 회화를 살펴보면 영조 시대에는 조영석, 정선, 심사정, 이인상 등의 문인 화가가 주도적으로 활동했고, 정조 시대에는 김홍도, 신윤복, 이인문, 김득신 등의 도화서 화원들이 주도적으로 활동했다. 유홍준 교수의 말대로 새로운 장르의 개척은 지식인인 문인 화가가 담당하였고, 새로운 장르를 발전시키는 역할은 전문가인 화원이 담당했다. 정조 시대에 조선 회화 미술이 크게 발전하게 된 데에는 세 사람의 역할이 컸다. 이들은 표암 강세황과 단원 김홍도 그리고 정조이다.[52]

정조는 양반 중심의 국가 운영에서 탈피하여 소외된 소민

(小民)을 보호하는 민국(民國) 건설을 목표로 하였다. 그리하여 소민을 과거를 통해 등용했는데 문과급제자의 절반이 신분이 낮은 사람들이었다. 정조의 민국 건설을 뒷받침한 기구는 문신 친위 조직인 규장각과 무신 친위 조직인 장용영이었다. 규장각은 문예부흥의 산실 역할을 했다.[53] 정조는 규장각에 차비대령화원을 배속시켜 어진을 비롯한 중요한 그림을 그리게 하였다. 차비대령화원은 국왕 직속으로 특채된 궁중화원이다. 당시 기록을 보면 차비대령화원은 100명이 넘었으며 김응환, 신한평, 김홍도, 이인문, 김득신 등 조선 후기의 대표적인 화원들이 모두 차비대령화원이었다.

현재 정조의 작품으로 남아 있는 것은 〈국화도(菊花圖)〉와 〈파초도(芭蕉圖)〉 그리고 〈묵매도(墨梅圖)〉이다. 〈국화도〉와 〈파초도〉는 동국대학교 박물관이 소장하고 있고 〈묵매도〉는 서울대학교 박물관에 소장되어 있다. 〈국화도〉는 원래 이왕가(李王家) 일본 도쿄 저택에 있던 작품이었는데 도쿄에 사는 한 교포가 입수하여 동국대학교에 기증했다.[54]

이 그림은 먹으로 여러 송이의 국화를 그렸는데 성정이 흐린 사람은 감히 가까이 범접할 수 없는 높은 기품을 지니고 있다. 또한 국화 꽃잎 한 장 한 장을 무척이나 섬세하고 디테일하게 그려 마치 신사임당의 〈화조도〉를 보는 듯하다. 국화는 사군자 중 하나로 다른 꽃들이 모두 시든 늦가을에

탐스런 꽃을 피우고 은은한 향기를 풍긴다. 정조는 이러한 국화의 기품을 이 그림에 그대로 담았다.

〈국화도〉의 초연하고 고상한 분위기는 그 어떤 화가도 따라올 수 없다. 정조가 국화의 성품을 지니고 있었기에 이와 같은 명작을 그릴 수 있었을 것이다. 미술평론가 최순우는 〈국화도〉에 대해 다음과 같이 평했다.

"화면에서 풍기는 높고 맑은 기품은 작가가 분명히 왕자(王者)라는 사실을 뒷받침해주고도 남음이 있으며, 그 원숙한 용묵(用墨)에서 오는 청정한 묵색의 미묘한 변화라든지 묘선에 드러난 비범한 필세와 그 속도감 있는 붓 자국에 스며있는 눈에 안 보이는 기운 같은 것은 가히 왕자지풍(王者之風)의 실감이라고 말하고 싶다."[55]

〈파초도〉는 굵은 줄기의 파초 한 그루가 시원스럽게 하늘을 향해 있는 그림이다. 넓고 푸른 잎에는 마냥 싱싱한 생명력이 담겨있다. 정조는 파초 잎을 부드러운 치맛자락처럼 그렸다. 그래서 그림은 넉넉하고 편안한 느낌을 준다. 이 작품에는 그림보다 여백이 더 많다. 여백이 많기에 많은 생각을 하게 된다. 그림 왼쪽 위에는 정조의 호인 '홍재(弘齋)' 낙관이 또렷하게 찍혀있다. 정조의 작품임을 분명하게 인식시키고 있다.

오래전에 집에서 파초를 키운 적이 있다. 마당 화단에서 키웠는데 날이 추워지자 실내로 들여놓았다. 넓고 푸른 잎을 가진 파초를 거실에 들여놓으니 거실이 온통 온실이 된 듯 녹색으로 가득 찼다. 키 큰 파초라 천장에 닿을 듯했다. 저녁에 물을 듬뿍 주고 다음 날 아침에 일어나 파초를 보았더니 그새 커져 새로 난 잎이 천장을 처박고 있었다. 그때 파초의 왕성한 생명력을 실감했다. 파초라는 식물을 처음으로 알게 된 것은 고등학교 교과서에 나온 김동명의 시 「파초」를 감상하고 나서이다.

"조국을 언제 떠났노. 파초의 꿈은 가련하다. 남국을 향한 불타는 향수. 너의 넋은 수녀보다도 더욱 외롭구나. 소낙비를 그리는 너는 정열의 여인……"

이렇게 파초를 노래하고 있어 파초가 불타는 남국, 향수, 고독, 정열과 연동되어 머나먼 남쪽 나라 서양의 식물인 줄 알았다. 그런데 자료를 찾아보니 파초는 중국이 원산지이고 우리나라 남쪽 지방에서도 널리 재배한 식물이라고 나와 있다. 그래서 파초는 종종 조선 시대 화가들의 작품 속에 등장할 수 있었나 보다. 특히 김홍도의 그림에 많이 등장한다.

정조는 1800년 마흔아홉이라는 젊은 나이에 세상을 떠났다. 등에 난 종기가 걷잡을 수 없을 정도로 온몸에 퍼져 죽음의 원인이 되었다고도 하고, 영조의 부인인 정순왕후 일파에 의해 독살 당했다는 이야기도 전해진다. 정조는 세손 때부터 늘 죽음을 두려워했다. 자신의 목숨을 노리는 사람들이 많았기 때문이다. 앞서 이야기한 바와 같이 신변 보호를 위해 친위대 장용영을 운영할 정도였으니 말이다. 영화〈역린(逆鱗)〉은 정조의 이러한 모습을 그리고 있다. '역린'은 용의 턱 밑에 난 비늘을 건드리면 죽임을 당한다는 전설에서 나온 말로 임금의 분노를 의미한다. 배우 현빈 씨가 정조의 역할을 훌륭히 해냈다. 정조에 대한 글을 쓰노라니 불현듯 정조의 젊은 시절 모습이 담긴〈역린〉을 다시 보고 싶다.

김홍도와 백중하다 긍재 김득신

긍재(兢齋) 김득신(金得臣, 1754~1822)은 도화서 화원인 김응환의 아들이다. 김응환은 김홍도보다 나이가 서너 살 위인데 그에게 그림을 가르쳐 주었고 금강산도 함께 다녀오기도 하며 평생 친밀하게 지냈다. 김득신은 부친의 영향을 받아 도화서 화원이 되었다. 그리고 선배 화원인 김홍도에게서 그림에 대해 많은 것을 배웠다. 또한 신윤복 역시 같은 시대의 도화서 화원이었다. 그러기에 김홍도, 김득신, 신윤복 세 사람은 서로가 서로에게 적지 않은 영향을 주었을 것이다. 묘하게도 세 사람은 풍속화를 잘 그렸다. 세 사람의 풍속화는 각기 다른 특징을 지니고 있다. 김홍도는 서민들의 훈훈한 모습을 그렸고, 신윤복은 양반들의 삶을 적나라하게 묘사했으며, 김득신은 양반과 상민들의 모습을 익살스럽게 표현했다.

김득신을 김홍도의 후계자라고 한다. 그의 그림을 보면 김홍도의 그림과 매우 흡사하다. 김홍도가 그린 그림인지 김득신이 그린 그림인지 구별할 수 없을 정도로 화풍이 비슷하다. 김득신은 산수화를 비롯해 화조화, 인물화, 풍속화를 잘 그렸다. 특히 풍속화는 김홍도에 버금가는 실력을 보여주었다. 그의 대표적인 풍속화 작품으로 〈파적도〉〈투전〉〈대장간〉 등이 있다.

우선 〈파적도(破寂圖)〉부터 살펴보자. 중고등학교 교과서에서 익히 본 작품이다. '파적(破寂)'은 적막함을 깨트린다는 뜻으로 이 작품은 그 의미를 분명하게 보여준다. 그림의 모든 모습은 현재 진행형이다.

이른 봄날이다. 툇마루에서 부인이 짚으로 자리를 짜고 있다. 남편은 곰방대로 담배를 피우고 있다. 마당에서는 어미 닭과 병아리들이 한가로이 노닐고 있다. 그때 갑자기 도둑고양이 한 마리가 나타나서 병아리 한 마리를 재빨리 낚아채 입에 물고 도망친다. 그 고양이를 잡으려고 부인은 자리를 짜던 틀을 박차고 일어선다. 그러자 자리틀이 마당에 내동댕이쳐진다. 남편은 재빨리 곰방대를 집어 들고 고양이를 후려친다. 그런데 균형을 잡지 못해 그만 마당으로 굴러 떨어진다. 머리에 쓰고 있던 감투도 땅바닥에 데굴데굴 구른다. 어미 닭은 새끼병아리를 구하려고 고양이를 향해 날개를 활짝 펼친 채 덤빈다. 마당에 있던 어린 병아리들은 무서워서 이리저리 도망 다닌다. 도둑고양이는 뒤를 힐끗 돌아보며 도망친다. 모든 일이 순식간에 벌어졌다. 부인도 남편도 어미 닭도 병아리도 고양이도 모두 입을 벌리고 있다. 마당에 있는 매화나무는 이런 모습을 보면서 빙긋이 웃는다.

한바탕 소란이 벌어진 그림 한 장에 익살과 유머 그리고 해학이 가득 담겨있다. 그림을 보는 사람의 얼굴에선 웃음이 저절로 피어난다. 이쯤 되면 김득신이 김홍도에 버금간다는 말이 맞을 것이다.

다음으로 〈투전(投錢)〉을 들여다보자. 머리에 탕건을 쓴 네 사람이 골방에 둘러앉아 노름판을 벌이고 있다. 방 한쪽에는 술상이 차려져 있고, 요강인 듯한 것도 보인다. 요강은 방에 두고 용변을 보는 작은 단지이다. 요강이 맞는다면 용변도 방 안에서 보았을 것이다. 노름할 때 요강을 방 안에 들여놓는 이유는 용변 보느라 노름판을 들락날락하면 노름판 분위기가 깨지기 때문이다. 그래서 용변이 급하면 요강에 볼 일을 봐야 한다.

노름꾼들의 표정을 살펴보자. 수염이 길고 안경 낀 사람은 걱정스러운 얼굴로 패를 내려놓는다. 영 자신이 없는 표정이다. 맞은편에 앉은 사람은 어느 패를 내려놓을지 이미 결정한 표정이다. 그 곁에 있는 수염이 덥수룩하고 눈이 부리부리한 사람은 자신의 패를 감추고 있다. 남이 훔쳐보지 못하게 하려는 것이다. 좋은 패가 많이 들어있는 듯하다. 그 맞은편에 앉은 사람은 여러 장의 패에서 하나를 신중하게 고르고 있다. 표정을 보니 들고 있는 패가 영 신통치 않은 것 같다. 그들 중 과연 누가 노름판의 돈을 몽땅 주워 담을 것인가? 내가 생각하기에는 수염이 덥수룩하고 눈이 부리부리한 사람일 것 같다. 이 작품은 긴장감 넘치는 투전판 모습을 생생하게 표현하고 있다.

마지막으로 〈대장간〉을 구경해보자. 대장간은 풀무를 차려 놓고 쇠를 달군 후 두드려서 온갖 연장을 만드는 곳이다. 여기서 일하는 대장장이는 조선 시대에는 천한 직업에 속했다. 그런데 김득신은 대장장이가 일하는 모습을 그림에 멋있게 담았다. 이것은 당시 사회에서는 획기적인 일이었다. 대장간 화덕에서 불이 시뻘겋게 달아오른다. 그 옆에는 이제 막 대장간 일을 배우기 시작한 꼬마가 어른들이 일하는 모습을 신기한 듯 바라보고 있다. 웃음이 가득한 표정의 한 젊은 일꾼은 달궈진 쇠를 집게로 잡고 모루 위에 올려놓는다. 그 옆에는 웃통을 완전히 벗어젖힌 젊은 일꾼과 윗옷을 반쯤 열어놓은 장년의 일꾼이 큰 망치로 달궈진 쇠를 번갈아

가며 내려친다. 그림 속에서 쇠 두드리는 망치 소리가 리드미컬하게 들리는 듯하다.

신명 나게 일하는 그들의 모습을 보니 나도 흥이 저절로 나 대장간으로 뛰어들어 함께 망치질하고 싶은 생각이 든다. 김득신은 이렇게 대장간 모습을 재치가 넘치며 익살스럽게 그렸다. 이 그림 속에는 색다른 모습이 숨어있다. 바로 대장장이들이 머리에 쓴 수건이다. 김득신은 머릿수건을 활활 타오르는 불꽃처럼 그렸다. 이는 독일의 화가 루벤스가 그린 〈제우스의 번개를 만드는 헤파이스토스〉와 똑같다. 헤파이스토스는 대장장이와 불의 신으로, 제우스의 번개를 비롯해서 헤르메스의 모자, 에로스의 활과 화살, 아프로디테의 허리띠, 태양신 헬리오스의 전차 등 많은 것을 만들었다. 루벤스는 헤파이스토스 머리 위에 횃불처럼 타오르는 빨강 수건을 그려 넣었는데 그 모습이 김득신이 그린 머릿수건과 기가 막히게 똑같다. 루벤스는 김득신보다 약 180년 앞선 사람이므로 서로의 그림을 보고 그렸다고 할 수도 없는 일이다. 서로의 영감이 통했나 보다.

〈파적도〉와 〈투전〉 그리고 〈대장간〉은 『긍재풍속도첩』에 들어있는 그림들로 간송미술관이 소장하고 있는 국가 보물이다.

김득신은 화원으로 40년 넘게 궁중 행사 그림을 그렸다.

그가 참여한 대표적인 궁중 행사 그림은 〈화성능행도(華城陵幸圖)〉이다. 이 그림은 정조가 어머니 혜경궁 홍씨를 모시고 부친인 사도세자의 묘소 현륭원을 방문한 행사를 그린 기록화이다. 그림은 여덟 편의 행사 장면으로 구성되어 있다. 그 중에서도 가장 정교하고 화려하며 웅장한 그림은 〈환어행렬도(還御行列圖)〉이다. 화성에서 시흥 행궁으로 되돌아가는 모습을 그린 그림인데 마치 새가 하늘에서 내려다보는 듯하다. 행궁(行宮)은 임금이 거둥할 때 머물던 별궁이다.

〈화성능행도〉는 궁중 화원 중 가장 뛰어난 화원 일곱 명이 그린 작품으로 김득신이 그림 제작에 주도적인 역할을 맡았다. 정조는 이 그림을 매우 흡족해 하며 큰상을 내렸다. 김득신은 정조로부터 각별한 신임을 받았다. 정조는 김득신의 그림 실력을 "김홍도와 더불어 백중(伯仲)하다"라고 크게 칭찬했다. 백중은 재주나 실력이 서로 비슷하여 우열을 가리기 힘들다는 뜻이다. 정조는 〈국화도〉란 작품을 그릴 정도로 그림에 조예가 깊었다. 김득신이 얼마나 그림을 잘 그렸으면 당대 최고 화원인 김홍도와 '백중'이라고 했을까?

조선 제일의 스토리텔링 화가 혜원 신윤복

조선의 예술을 예찬한 외국인으로 일본의 야나기 무네요
시(柳宗悦)를 들 수 있다. 그는 도쿄제국대학을 졸업한 일본
의 지식인이었으며 조선 예술을 무척이나 사랑했다. 그에 의
하면 예술은 민족성의 표현이다. 그는 중국 예술은 대륙의
특성이 반영된 형태의 예술이고, 일본 예술은 섬나라의 특징
이 반영된 색채의 예술인데, 조선 예술은 반도의 기질이 들
어간 '선의 예술'이라고 했다. 선이 아름답다는 증거는 남산
에서 내려다본 초가집 지붕의 곡선 물결과 경주 토함산에
있는 석굴암 불상의 곡선 그리고 상원사와 봉덕사 범종에
새겨진 문양 등이다.

야나기 무네요시가 언급한 조선의 곡선을 그림으로 절묘하게 표현한 화가가 신윤복이다. 그의 대표작 〈미인도(美人圖)〉를 보면 그림 전체가 아름다운 곡선으로 이루어져 있음을 알 수 있다. 머리의 풍요로운 곡선, 눈썹과 눈동자의 따뜻한 곡선, 귀와 코의 단아한 곡선, 입술과 턱선의 절제된 곡선, 저고리와 치마의 풍성한 곡선 그리고 노리개 끝에 달린 매듭의 청아한 곡선이 조선의 아름다운 곡선을 그대로 나타내고 있는 것이다.

혜원(蕙園) 신윤복(申潤福, 1758~미상)은 화원 집안에서 태어났다. 신윤복의 11대 조상은 신말주이다. 그는 세조 때 사간원의 최고 벼슬인 대사간을 지냈으며 세종의 절대적 신임을 받았던 신숙주 친동생이기도 하다. 그런데 신윤복의 집안이 양반에서 중인으로 바뀌게 된다. 이는 8대조 조상이 첩에게서 태어난 서자였기 때문이다. 신윤복의 부친 신한평 역시 도화서 화원으로 왕의 초상화를 여러 번 그릴 정도로 유명했다.

신한평의 〈아이를 기르는 어머니(慈母育兒)〉는 신윤복의 어릴 적 모습을 볼 수 있는 작품이다. 젖을 먹이는 어머니 뒤에서 우는 아이가 바로 신윤복이다. 신윤복을 소재로 한 소설과 드라마가 한때 인기를 크게 끈 적도 있다. 이정명의 소설 『바람의 화원』이 인기를 얻게 되자 드라마로 극화되었다.

김홍도 역은 박신양 씨, 신윤복 역은 문근영 씨가 맡았다. 신윤복은 분명히 남성인데 여성 연기자가 그 역할을 하였다. 이것은 신윤복이 남장한 여인이었다는 소문이 있었기 때문이다. 이 드라마의 영향으로 간송미술관에 고이 소장되어 있던 〈미인도〉가 큰 몸살을 앓았다.

신윤복의 풍속화 화첩인 『혜원전신첩(蕙園傳神帖)』에 대한 일화이다. 이 화첩은 국보로 지정된 매우 귀중한 문화재이다. 그것이 일본에서 우리나라로 들어오게 된 배경은 다음과 같다.

간송 전형필은 일본 학자가 쓴 '조선의 건축과 예술'에서 흑백 도판으로 소개된 혜원 신윤복의 풍속화 두 점을 보고 반해버렸다. 개인이 아닌 도미타 상회가 그림을 가지고 있었다. 그런데 주인인 도미타 상이 죽자 오사카 야마나카 상회에서 그 화첩을 사서 일본으로 가져갔다. 야마나카는 일본 최고의 골동품상이었다. 간송은 그곳에 사람을 보내 그림의 가격과 상황을 파악했다. 화첩의 그림은 모두 서른 점으로 거금 5만 원(현재 가치로 150억 원)을 요구했다. 간송은 어떻게 해서라도 구입하기로 결심하고 일본으로 직접 건너갔다. 야마나카와의 피 말리는 기 싸움이 시작되었다. 노회(老獪)한 골동품상과 재력 있는 젊은 수장가 사이의 팽팽한 싸움이었다. 서로의 표정을 살피며 많은 말이 오고 갔다. 마지막으로 간송은 2만 5천 원(75억 원)의 카드를 던졌다. 결국 야마나카 는 거듭된 고민 끝에 간송의 간절한 부탁을 들어주었다. 이 렇게 해서 조선 풍속화의 최고 작품집인 『혜원전신첩』이 우 리 손에 들어올 수 있게 되었다.[56]

신윤복의 그림은 한 편의 연극이다. 그는 그림 보는 사람 을 관객으로, 그림을 무대로 만들었다. 무대 위에 서 있는 주 인공의 연기는 생생하다. 게다가 분장, 의상, 조명, 음향, 무 대 미술, 소품이 극중 분위기를 더욱 흥미진진하게 만든다. 이를 증명하는 대표 작품이 〈뱃놀이(船遊淸江)〉이다.

무대에는 푸른 산이 있고 그 밑으로 맑은 강이 흐른다. 배 한 척이 떠 있다. 배에는 양반 셋과 기생 셋 그리고 뱃사공 과 피리 부는 소년이 있다. 기생들은 악기를 불고 담뱃대를 물고 손을 강물에 담그고 있고, 양반들은 기생에게 흠뻑 빠 져 있다. 녹음이 짙은 것을 보니 여름 풍류를 즐기러 나온 듯 하다. 강바람이 시원하게 불어오고, 피리 소리와 생황 소리 가 들리고 배는 천천히 움직인다. 간혹 새소리도 들린다. 그 림에는 이런 글이 적혀있다. "늦바람에 피리 소리 들리지 않 고 갈매기만 물결 위를 한가로이 나는구나(笛晚風聽峽得 白鷗 飛下浪花前)." 신윤복은 바람 난 양반들의 행태를 그림과 시로 날카롭게 비판한 것이다.

그의 그림은 마치 무성영화 같다. 그 시대의 모습을 활동

사진처럼 보여준다. 중국 당나라 시인 두보가 시를 통해 그 시대를 성실하게 기록했던 것처럼 신윤복은 그림으로 조선시대 생활상을 성실하게 기록했다. 그 덕에 양반들의 위선적인 삶과 여인들의 숨겨진 삶을 민낯으로 보게 된다. 신윤복의 그림에는 스토리가 절묘하게 숨어있다. 그래서 그의 작품은 상상력을 요구한다. 일단 상상을 시작하면 그림이 움직인다. 이 말이 사실인지 그의 작품들-〈달빛 아래(月下情人)〉〈우물가(井邊夜)〉〈밀회(月夜密會)〉〈봄날(春意滿園)〉〈술집에서(酒肆擧盃)〉〈유곽에서(遊廓爭雄)〉-을 한번 들여다보라.

조선의 다빈치 다산 정약용

 사방관(四方冠)을 쓴 선비가 비스듬히 바라보고 있다. 어떻게 보면 정면으로 쳐다보는 것 같기도 하고. 얼굴 각도가 분명치 않아 표정을 정확히 해석하기 어렵다. 기쁨도 많이 겪고, 슬픔도 많이 겪은 얼굴이다. 그래서 삶을 달관한 듯한 모습 같기도 하다. 반듯한 상투, 옥색의 두루마기, 꼭 다문 입, 이마에서 곧바로 내려온 코, 크고 인자한 눈, 또렷한 눈동자와 깨끗한 눈자위, 짙은 눈썹, 검은 구레나룻과 턱수염, 연한 녹색 바탕. 이 모든 것이 그림 속 주인공의 삶을 말해주는 듯하다. 월전 장우성 화백이 그린 다산 정약용의 영정 그림이다.

'다산 정약용' 하면 떠오르는 단어는 정조, 수원 화성, 광주 두물머리, 전남 강진, 다산초당, 『목민심서』, 『흠흠신서』, 『경세유표』, 유네스코 인물, 천주교이다. 정약용(丁若鏞, 1762~1836)의 호는 '다산(茶山)' '여유당(與猶堂)'이다. 그의 삶은 그야말로 파란만장했다. 영조 때 태어나 정조, 순조를 거쳐 헌종 때 세상을 떠났으니 조선의 네 임금과 인연을 맺은 것이다. 특히 정조와의 인연은 무척이나 깊었다. 정조는 정약용으로 인해 빛났고, 정약용은 정조로 인해 빛났다. 서로가 서로를 빛낸 것이다.

정약용이 어떤 삶을 살았는지 자세히 살펴보자. 예술 작품과 예술가의 삶은 밀접히 관련되어 있다. 예술가의 삶을 알아야 예술 세계를 제대로 이해할 수 있다. 그는 경기도 광주 마현리에서 태어났다. 네 살 때 천자문을 배우기 시작했고, 일곱 살 때는 '산(山)'이라는 한시를 지었다. "작은 산이 큰 산을 가렸어요. 먼 땅도 있고 가까운 땅도 있기 때문이지요(小山蔽大山 遠近地不同)."

그의 부친 정재원은 훌륭한 어버이면서 스승이기도 했다. 현감, 군수, 목사 등의 벼슬을 하였는데 아들에게 경서와 사서를 가르쳤다. 정약용은 성호 이익의 저서를 보면서 사숙(私淑)했다. 18세에 성균관에서 시행하는 승보시(陞補試)에 선발되었다. 22세에는 성균관에 들어가 증광감시에서 초시

(初試)에 합격하고 이어 회시(會試)에서 생원으로 합격해 처음으로 정조를 알현했다. 그 후, 성균관에서 여섯 해 동안 임금의 요구에 따라 수많은 보고서와 연구서를 작성해 언제나 '첫째' 평가를 받았다. 28세에는 전시(殿試)에서 수석으로 급제했다. 문과에서 장원 급제한 것이다. 그리하여 희릉직장(禧陵直長, 종7품)이라는 벼슬에 올라 규장각의 초계문신(抄啓文臣)으로 선발되었다. 초계문신은 규장각에 소속되어 특별히 마련된 교육 및 연구 과정을 이수했던 젊은 문신을 말한다.

그해 겨울, 정약용은 한강을 건널 배다리(船橋)를 설계했다. 이는 정조가 화성으로 행차할 때 한강을 건너기 위한 다리인데 설계 그대로 공사가 진행되었다. 31세에는 수원의 화성을 설계하였고 거중기를 발명했다. 화성은 2년 9개월 만에 완공되었다. 공사 기간을 10년으로 예상했는데 정약용의 지혜와 노력으로 8년이나 앞당겼다. 그만큼 비용도 절감했다. 33세에는 경기도 암행어사로 발탁되어 보름 동안 네 개 마을을 시찰했다. 34세에는 통정대부 정3품 당상관에 올라 승정원 승지 벼슬에 임명되었다. 그러나 중국인 신부(神父) 주문모의 입국으로 온갖 모함과 모략을 받아 금정 찰방(察訪, 종6품)으로 좌천되었다.

천주교에 대한 정약용의 신앙심은 깊었다. 천주교인으로 세례까지 받았다. 39세에 정조가 사망하자 정약용은 깊은 슬픔에 빠졌다. 정조와 만났던 18년 동안 수많은 글과 말과 행동으로 충성했고, 칭찬 받았으며, 위로 받았다. 정조와 정약용의 만남으로 조선의 르네상스 시대가 활짝 열렸다. 정약용은 서울 생활을 정리하고 고향으로 내려갔다. 그곳에 여유당(與猶堂)이란 당호를 내걸고 '여유당기'를 썼다. 40세에는 사간원의 계(啓)로 인하여 하옥되었다가 경북 포항 지역의 장기로 유배되었다. 계는 임금에게 올리는 말이나 글을 뜻한다.

그는 '황사영백서(黃嗣永帛書)' 사건으로 다시 하옥되었다. 황사영백서는 천주교 신자인 황사영이 신유박해가 일어나자 신앙의 자유를 얻기 위해 당시 베이징 주교에게 보내고자 했던 청원서이다. 결국 정약용은 전남 강진으로 유배되었다. 그는 그곳 다산초당(茶山草堂)에서 많은 글을 짓고 많은 사람을 가르쳤으며, 학문도 갈고 닦았다. 57세에는 『목민심서(牧民心書)』를 완성했고 유배에서 풀려나 오랜만에 고향으로 돌아왔다. 무려 18년간 귀양살이를 끝마친 것이다. 그후로 『흠흠신서(欽欽新書)』를 비롯해 많은 책을 썼다. 75세에 고향 마재 마을에서 생을 마쳤는데 그의 유언대로 여유당 뒤편 언덕에 묻혔다.[57]

다산 정약용은 우리나라가 낳은 위대한 인물이다. 서양 사람들은 우리나라의 대표적인 사상가로 두 사람을 꼽는다. 한 사람은 퇴계 이황이고 또 한 사람은 다산 정약용이다. 이

황의 사상을 '퇴계학'이라 하고 정약용의 사상을 '다산학'이라 한다. 정약용이 남겨 놓은 사상이 인류에게 위대한 업적이 되었기에 유네스코는 2012년 정약용을 세계기념인물로 선정하였다. 한국인으로서는 최초였다.

그는 훌륭한 학자이며 사상가였고, 청렴결백한 관료였으며, 놀라운 과학자이며 발명가였고, 당대 최고의 의학자였다. 충성스러운 신하였고, 훌륭한 아들이었고, 훌륭한 남편이었으며, 훌륭한 어버이이자 훌륭한 스승이었다. 또한 훌륭한 예술가였다. 그래서 그를 조선의 다빈치라고 부른다.

정약용이 51세이던 해 집안에 경사가 났다. 외동딸 홍임이 시집을 가게 된 것이다. 신랑은 그의 친구 아들인데 다산초당에서 글을 배우기도 했다. 그는 그림을 그리고 화제를 적어 시집가는 딸에게 주었는데 그 그림이 유명한 〈매조도(梅鳥圖, 고려대학교 박물관 소장)〉이다. 유홍준 교수가 반드시 국보로 지정해야 한다고 주장하는 수준 높은 작품이다.

이 그림은 비단에 그린 그림으로 그 안에는 기가 막힌 스토리가 있다. 정약용이 강진에서 귀양살이하며 몇 해가 지났을 무렵, 몸져 누워 있던 부인이 헌 치마 여섯 폭을 보내왔다. 부인이 시집올 때 입고 왔던 분홍색 비단 치마였다. 그런데 세월이 많이 흘러 붉은 색깔이 변했다. 다산은 색이 변한 그 비단 치마를 가위로 잘라 첩(帖)을 만들어 두 아들에게 남겨 주고 나머지 천에는 작은 족자 그림을 그려 시집가는 딸에게 주었던 것이다.[58] 결국 어머니가 시집올 때 입었던 비단 치마를 잘라 그 위에 그림을 그리고 글을 써서 시집가는 딸에게 준 그림이 〈매조도〉인 것이다.

그림을 자세히 보면 붉은 치마의 색이 바래 연한 갈색이 되었음을 알 수 있다. 그림에는 활짝 핀 매화 나뭇가지 위에 한 쌍의 새가 나란히 앉았다. 새의 날개도 예쁘게 그렸고, 새의 부리도 예쁘게 그렸다. 특히 노래하는 듯한 주홍색 부리가 더욱 예쁘고 정겹다. 한 쌍의 새는 딸과 사위를 염두에 두고 그렇게 그렸나 보다. 같은 곳을 바라보며 노래하는 모습이 보는 사람의 가슴에 따뜻하게 와 닿는다. 부부일심동체를 상징적으로 표현한 것 같다. 그림 밑에 큰 글씨로 화제(畫題)를 적었다. 시집가는 딸에게 주는 아버지의 따뜻한 사랑이 가득 담긴 시이다.

훨훨 날던 저 새가 내 뜰 매화 가지에 머물렀네

(翩翩飛鳥 息我庭梅).

맑고 고운 꽃향기를 다소곳이 찾아온 것인가

(有烈其芳 惠然其來).

여기 머물러 여기 살면서 네 가족 모두 즐겁게 지내렴

(爰止爰棲 樂爾家室).

꽃이 벌써 활짝 폈으니 그 열매도 탐스럽겠지

(華之旣榮 有蕡其實).[59]

다음은 산수화 한 점을 살펴보자. 〈원인필의도(元人筆意
圖)〉라는 작품으로 가로 21센티, 세로 14센티로 아주 작은
그림이다. 그림 가운데는 빈 정자가 있고 정자 뒤로는 높은
산이 연이어 있다. 정자 둘레에는 키 큰 나무들이 있고, 정자
앞으로는 강이 흐른다. 그림 분위기가 쓸쓸해 보인다. 붓 자
국이 세밀하지 않고 뭉뚝하다. 붓끝으로 그리지 않고 붓을
약간 뉘어서 그린 것 같다. 조선 회화에서 좀처럼 찾아보기
어려운 화법이다. 화제에 '원인필의(元人筆意)'라고 쓴 글씨
가 있다. 원인(元人)은 원나라 문인화가였던 예찬으로 추측
한다.

정약용의 산수화는 예찬이 그린 산수화와 매우 흡사하다.
정자 모습도 비슷하고, 정자 앞에 높이 자란 나무 모습도 비
슷하고, 쓸쓸한 분위기도 비슷하다. 필의(筆意)는 예찬의 화
풍과 비슷하다는 뜻이다. 결국 다산은 자신의 그림을 예찬의
그림과 비슷하게 그려 자신의 심경을 표현하려 한 것이다.
산수화의 배경은 그가 태어나고 자란 고향, 경기도 광주의
마재 마을이다. 마을 앞으로는 큰 강이 흘렀다. 남한강과 북
한강이 서로 만나 한 강물이 되어 흘렀다. 서로를 시기하고

모함하는 당시 정치 풍토를 안타깝게 여기며 한강처럼 함께 흐르길 소망하며 그림을 그렸는지도 모르겠다. 또한 어서 유배 생활을 끝내고 그리운 고향으로 돌아가 쉬고 싶은 간절한 마음을 담아 그렸는지도 모른다.

오랜만에 두물머리(兩水里)에 가고 싶다. 세미원(洗美苑) 수련꽃이 활짝 핀 여름날, 성지순례 하듯 다산을 찾아가고 싶다.

조선 그림의 신 소당 이재관

소당(小塘) 이재관(李在寬, 1783~1837)은 정조 때 태어나 헌
종 때 세상을 떠난 조선 후기 화원이다. 그는 어려서 부친을
여의었다. 그래서 집이 무척 가난했다. 그림에 대한 소질을
타고났으나 가르쳐줄 스승이 없었다. 옛 그림을 보면서 혼자
화법을 익혔다. 그렇게 익힌 실력으로 그림을 팔아 홀어머니
를 모셨다. 그는 자연을 즐겨 그렸는데 그림은 매우 정교했
다. 그의 작품은 일본 사람들에게 인기가 높았다. 부산 동래
왜관에는 일본인들이 그의 그림을 사려고 줄을 길게 설 정
도였다. 이재관은 생계를 위해 그림을 그리기 시작했고 그
림으로 생계를 이어 간 중인 출신 화가였다. 그는 흔연관(欣

涓館)이란 화실을 운영하며 전문 화가로 활동했다. 1년 동안 진행된 창덕궁 프로젝트에 방외화원으로 참여하기도 했다. 방외화원은 일종의 프리랜서로 특별한 국가 프로젝트가 있을 때 동원되는 화가를 말한다.[60] 이재관의 대표적인 작품으로는 〈송하처사도〉〈파초선인도〉〈귀어도〉 등이 있다.

〈파초선인도(芭蕉仙人圖)〉는 당나라의 스님이자 서예가인 회소의 이야기를 그림으로 그린 것이다. 회소는 어릴 때부터 글쓰기를 무척 좋아했다. 그런데 집안이 가난해서 종이를 살 돈이 없었다. 궁리 끝에 마당에 심은 파초의 잎을 따다가 그 위에 글씨를 썼다. 파초 잎은 종이 못지않게 글씨가 잘 써졌다. 그래서 회소는 집안을 비롯해 마을 전역에 만 그루가 넘는 파초를 심어 글씨 연습을 하였다.[61] 그 결과, 당나라 최고의 서예가가 되었다.

회소의 이야기를 하다 보니 신라 황룡사 노송 벽화로 유명한 솔거가 생각난다. 솔거 역시 가난한 집안에서 태어났다. 어려서부터 그림 그리기를 좋아해 나무하러 산에 올라가면 바위에 칡뿌리로 그림을 그렸고, 밭에 나가면 모래 위에 호미로 그림을 그렸다. 솔거는 밤마다 신이 나타나 그림을 가르쳐주길 빌었다. 그러던 어느 날, 꿈에 한 노인이 나타났다. "나는 단군이다. 네 기도에 감동해서 너에게 신필(神筆)을 줄 테니 나의 모습을 천 번 그려라. 그러면 너는 신라 제일의 화가가 될 것이다"라는 말을 남기고 사라졌다. 꿈에서 깨어나니 손에 신필이 들려 있었다. 그 붓으로 꿈에 보았던 단군 얼굴을 천 번 그렸다. 그 결과, 신라 최고의 화가가 되었다는 이야기다.

이재관의 〈파초선인도〉에는 하늘을 향해 높이 올라간 파초가 있다. 파초 잎을 가만히 살펴보면 갖가지 색을 품고 있음을 알 수 있다. 노란색, 연두색, 짙은 녹색, 갈색 그리고 빨강색까지 보인다. 파초를 그냥 녹색으로만 칠한 것이 아니라 갖가지 색으로 표정을 넣은 것이다. 색 다루는 솜씨가 보통이 아님을 알 수 있다. 파초 옆에는 우뚝 솟은 바위가 있고, 그 아래 탁자에는 지필묵과 도자기, 향로, 다기 등이 놓여있다. 파초 잎을 바로 따서 글씨를 쓰기 위해 탁자를 집 밖으로 들고 나온 것이다.

신선은 큰 붓을 잡고 파초 잎에 글씨를 쓰기 시작한다. 신선 앞에는 맨발의 동자가 허리를 굽히고 앉아 정성을 다해 먹을 갈고 있다. 신선의 머리끈, 옷소매, 옷자락 그리고 동자의 옷자락 윤곽과 바위의 외곽선을 굵은 붓으로 처리해 그림 전체가 역동적인 분위기를 나타내고 있다. 글씨를 쓰는 신선의 표정이 무척이나 차분하며 진지하다. 그 앞에 앉은 동자는 조심스러운 미소를 띠고 있다. 이재관은 이 그림을 통해 가난한 삶이 아름다운 삶이 될 수 있다는 것을 은유적으로 나타내고 있다.

〈송하처사도(松下處士圖)〉는 늙은 노송 아래 수염을 길게 기른 처사가 바위에 걸터앉아 지그시 눈을 감고 깊이 명상하는 모습을 그린 작품이다. 그림 속 노송의 모습은 몹시도 당차다. 한쪽 나뭇가지는 하늘로 뻗어 있고, 다른 나뭇가지는 명상 중인 처사를 향하고 있다. 노송의 솔잎이 처사에게 시원한 그늘을 만들어 주고 있다. 노송과 바위 사이로 개울물이 좔좔 흐르고 있다. 그 물소리가 들리는 듯하다. 처사 뒤에는 동자가 앉아 있는데 처사의 명상에 방해되지 않으려고 몸을 약간 뒤로 뺀 채 두 손을 무릎 위에 공손히 얹어 놓았다. 동자의 얼굴에는 잔잔한 미소가 흐른다.

이재관은 노송의 외곽선, 처사의 머릿수건과 옷자락, 동자의 옷깃을 검고 굵은 붓으로 처리해 그림 전체에 강한 기운이 돌게 했다. 최순우는 이 그림의 '속력 있는 붓 자국이 얼마나 멋과 품위를 풍겨주는지' 그리고 '그림이 얼마나 갓 맑고도 너그러운지' 알 수 있다고 했다. 그러면서 속된 풍김이 없는 이 그림에서 "한국의 사도(士道, 선비로서의 도리)와 사도의 아름다움 같은 것을 보는 듯하다"라고 평했다.[62]

이재관의 또 다른 작품 〈귀어도(歸漁圖)〉는 『소당화첩(小塘畵帖)』에 들어있는 작품으로 그림의 내용이 무척 흥미롭다. 강이 흐르고 있고, 저 멀리 부드러운 곡선의 산이 있다. 달이

구름 속을 지나면서 산골 구석구석을 환하게 비춘다. 두메산 골에 사는 한 어부가 낚시를 끝내고 집으로 돌아오는 중이다. 그가 걷고 있는 다리 밑으로 강물이 세차게 흐른다. 망태 기를 걸친 어부의 발걸음이 무척이나 가벼워 보인다. 물고기를 많이 잡았나 보다. 오른손에 장대를 잡고 있는데 높이 쳐 든 끝에는 큰 물고기들이 줄줄이 매달려 있다. 다리 건너편 엔 어부의 집인 초막이 있다. 열린 사립문 사이로 작은 강아지가 뛰쳐나온다. 주인을 반기러 나오는 것이다. 하루 종일 혼자 놀다가 주인을 만났으니 얼마나 반가울까? 집 앞의 높 다란 소나무는 달과 어우러져 산골 분위기를 고즈넉하게 만 들고 있다.

이 작품은 이재관의 작품 중 백미로 꼽힌다. 조선인이라면 누구나 이러한 정서에 충분히 공감이 갈 것이다. 이재관은 조선의 정서가 물씬 풍기는 그림을 그리는 데 천부적인 재주 를 지녔다. "소당(이재관)은 참으로 그림의 신이다(小塘其眞畵 神者乎)." 우봉 조희룡이 이재관의 그림을 보고 한 말이다.

오, 〈세한도〉 추사 김정희

값을 매길 수 없는 그림, 〈세한도(歲寒圖)〉(국보)가 한 소장
가의 숭고한 뜻에 따라 나라에 기증되었다. 이 그림은 조선
의 꼿꼿한 선비정신을 옹골차게 담은 문인화의 정수로 추사
김정희가 유배지에서 그린 그림이다. 그의 제자 이상적은 바
다 멀리 제주 땅에서 귀양살이하는 스승을 잊지 않고 천만
리 머나먼 땅 중국 연경(북경)에서 소중한 책들을 구해 늘 보
내주었다. 이상적은 역관(譯官)으로 중국을 여러 차례 오가며
그곳 문인들과 교유하며 귀한 책들을 쉽게 구할 수 있었다.

스승은 제자의 그 정성에 보답하기 위해 화선지에 송백(소
나무와 잣나무)과 오두막을 그려 보내주었다. 그리고 그림에

김정희, 세한도(국립중앙박물관 소장)

논어의 몇 글자를 적어 넣었다. "한겨울 날씨가 추워진 후에
야 비로소 소나무와 잣나무가 시들지 않음을 알 수 있다(歲
寒然後 知松柏之後凋)." 세한(歲寒)은 설 전후의 매서운 추위를
뜻하는데『논어』에서는 한겨울 추위 속에서도 절대 변하지
않는 소나무와 잣나무를 상징한다. 추사는 세한 같은 이상적
의 마음을 그림으로 표현한 것이다.

〈세한도〉를 들여다보자. 이 작품의 실제 그림 크기는 가로
70센티 세로 24센티의 작은 그림이다. 그런데 김준학(이상
적의 제자 김병선의 아들로 〈세한도〉 소장자)이 서두에 쓴 글과 청
나라 문인 15인(장악진 등)의 글 그리고 조선의 문인 4인(김준
학, 오세창, 이시영, 정인보)의 글까지 합치니 전체 길이가 무려
469센티인 두루마리가 되었다. 〈세한도〉는 물을 적시지 않

은 붓에 진한 먹을 묻혀 거칠게 그렸다. 그래서 한겨울 추운 냄새가 나며 쓸쓸함과 메마름이 강하다. 그림에서는 차가운 겨울바람이 불어온다.

오두막 한 채가 덩그러니 있다. 허름하지만 기운차고 거침없다. 문은 동그라미 하나로 처리했다. 집 오른편엔 하늘로 치솟은 소나무와 한쪽 가지가 옆으로 구부러진 소나무가 나란히 있다. 나무껍질을 장군의 갑옷처럼 그려 늙은 소나무임을 알 수 있다. 오두막 왼쪽에는 두 그루의 소나무가 평행을 이루며 하늘로 치솟았다. 소나무는 마치 신라의 탑처럼 상승감과 안정감을 고루 갖췄다.

그림에는 여백이 많아 쓸쓸하게 보이지만 편안하다. 여백의 미가 무엇인지 제대로 보여준다. 그림은 모든 것을 다 내려놓은 듯하다. 그림 왼쪽에는 세한도를 그리게 된 연유를 반듯한 글씨로 적었다. 이렇듯 〈세한도〉에는 김정희의 청정한 선비정신과 제자에게 보내는 따뜻한 사랑이 담겨있다. 그리고 이 그림의 오른쪽 밑에는 오래도록 서로 잊지 말자는 뜻의 '장무상망(長毋相忘)'의 붉은 인장이 크게 찍혀있다.

〈세한도〉는 제자 이상적에게 전해졌다. 세한도를 받은 제자는 스승에게 이렇게 답장을 보냈다. "스승님, 〈세한도〉 그림을 잘 받았습니다. 엎드려 글을 읽으니 눈물이 그칠 줄 모릅니다. 저를 과분하게 칭찬해주셔서 어찌할 바를 모르겠습니다. 이번에 중국에 가면 〈세한도〉를 그곳 문인들에게 보여주고 느낌을 적은 글들을 부탁하겠습니다." 편지 내용대로 이상적은 연경으로 가서 그곳 문인들에게 스승의 작품을 보여주었다. 그들은 한결같이 스승과 제자의 애틋한 존경과 사랑에 감격해 두 사람을 기리는 글들을 썼다. 중국 문인들의 칭송 글이 담긴 〈세한도〉를 갖고 귀국한 이상적은 이를 다시 스승에게 보냈다. 김정희는 거의 일 년 만에 돌아온 〈세한도〉를 보고 감개무량했다. 특히 중국 문인들이 쓴 글을 통해 한없는 위로를 받았다.

그 후 이 그림은 이상적의 제자인 김병선(역관)과 그의 아들 김준학에게 전해졌다. 다음으로는 일본인 학자 후지쓰카 지카시(藤塚鄰, 전 경성제국대 교수)가 소장하였다. 그는 김정희 연구의 일인자였다. 서예가 손재형은 멀고도 험한 대한해협을 건너가 후지쓰카 지카시 집을 두 달간 하루도 빠짐없이 방문하여 결국 그에게서 〈세한도〉를 돌려받았다. 손재형은 〈세한도〉를 오세창, 정인보, 이시영에게 보여주었고, 그들은 세한도를 본 느낌을 각자 글로 적었다. 정인보는 이무기와 싸워 보물을 다시 찾은 것을 찬탄하였고, 이시영은 수십 년간 고통의 삶을 살았던 선열들이 떠올라 옷소매로 눈물을 닦았다고 썼다.

김정희(金正喜, 1786~1856)는 금석문(金石文)을 공부한 서예가이다. 호는 '완당(阮堂)'과 '추사(秋史)'를 주로 사용했다. 그는 어릴 때부터 글씨를 잘 썼고 『북학의(北學議)』로 유명한 실학자 박제가 밑에서 공부했다. 『북학의』는 청나라의 풍속과 제도를 시찰하고 돌아와서 쓴 기행문이다. 김정희는 스승의 실학사상에 크게 영향을 받았다. 그리하여 중국 고증학과 미술 세계 그리고 문인들의 작품 세계에 대해 지식을 넓혀 갔다.

김정희에게 새로운 문물로 가득 찬 연경을 방문할 기회가 생겼다. 부친이 동지사(冬至使)로 연경에 갈 때 자제 군관 자격으로 따라가게 된 것이다. 그곳에서 당시 최고의 금석학자인 옹방강과 경학의 대가인 완원을 만났다. 연경에서 본 수많은 예술 작품은 김정희의 예술 세계에 커다란 영향을 미치게 된다.

그 후, 김정희는 문과에 급제하여 충청도 암행어사를 비롯해 성균관 대사성, 병조참판, 형조참판 등의 벼슬을 지냈다. 그런데 혼란한 정치 상황으로 인해 부친 김노경이 탄핵되었고 김정희는 벼슬길에서 내려왔다. 다시 정국이 안정되자 벼슬길에 올랐다. 그런데 또 부친을 탄핵했던 세력들이 다시 김정희를 공격해 모든 관직에서 끌어내렸다. 결국 김정희는 혹독한 고문을 받고 제주도 대정으로 위리안치(圍離安置)되었다. 이는 유배형 가운데 가장 혹독한 것으로 거주지를 제한하기 위해 집 둘레에 울타리를 둘러치거나 탱자나무 가시울타리를 만들어 그 안에 가두는 형벌이다. 그곳에서 무려 아홉 해 동안 귀양살이를 했다. 그러한 곳에서 〈세한도〉를 그렸다.

김정희가 유배에서 풀려난 것은 예순을 훨씬 넘은 나이였다. 한양으로 돌아왔지만 또다시 정치적 모함을 받아 함경북도 북청으로 유배되었다. 거기서 귀양살이하다가 일흔 가까운 나이에 풀려났다. 그 후, 그는 과천과 봉은사 절에 머물다 세상을 떠났다. 그가 죽기 사흘 전에 쓴 글씨가 아직도 봉은사에 걸려 있다. 그 유명한 '版殿'이란 현판 글씨이다. 벼루 열 개의 밑바닥을 뚫었고, 붓 일천 자루를 부러뜨린 추사 김정희의 예술혼이 고스란히 담겨있는 작품이다.

국립중앙박물관에서 열린 〈세한도〉 특별 전시회('세한歲寒-한 겨울에도 변치 않는 푸르름')를 보러 갔다. 그림을 보기 전 김정희가 제주에서 보낸 8년 4개월의 절망과 고독의 시간을 흑백 영상으로 보았다. 제목은 '세한의 시간'이었다.

깊은 동굴을 보여주었다. 울퉁불퉁한 바위, 바위 위의 주름, 바위에 고여 있는 물을 보았다. 그리고 한밤중의 소나무와 달, 산등성이를 비추는 흰 달빛도 보았다. 또한 나무숲과 짙은 안개를 보았고, 그 너른 바다에서 출렁이는 파도와 바다를 덮고 있는 안개도 보았다. 한라산과 제주 바다의 그 거친 바람 소리도 들었다. '세한의 시간'을 보면서 그가 이 낯선 유배지에서 얼마나 쓸쓸하고 고독했는지 어렴풋이나마 알 수 있었다. 장 줄리앙 푸스 감독은 추사의 고독과 절망을 정말이지 무섭도록 차갑게 빛으로 그려냈다.

〈세한도〉를 마주하였다. 〈세한도〉는 어둠 속에서 길게 누워 환하게 나를 맞아 주었다. 그림을 처음으로 본 그 감격과 감동은 이루 말할 수 없다. 두근거림과 떨림 그리고 환희의 연속이었다. 물기 없는 붓으로 진한 먹을 묻혀 그린 〈세한도〉는 내 가슴을 뻑뻑하게 만들었고 보는 내내 가슴이 아프며 울컥거렸다. 몇 번이나 다시 되돌아와 그림을 보았는지 모른다.

지금도 내 마음은 계속해서 〈세한도〉를 되돌아보고 있다. 연분홍 진달래꽃이 화창하게 피었던 봄날, 〈세한도〉 특별 전시회는 내 생애 손가락으로 꼽을 멋진 선물이었다.

조선 묵장의 최고봉 우봉 조희룡

이른 봄이다. 산에는 눈이 아직도 하얗게 쌓여 있다. 차가운 바람이 몰아친다. 산은 절벽처럼 가파르게 솟아 있다. 그 산 밑에는 작은 오두막 하나가 있다. 방 안 책상에는 매화 꽃병이 놓여있다. 선비가 매화 향기를 맡으며 깊은 생각에 잠겨 있다. 마당의 늙은 매화나무에 꽃이 만발했다. 매화가 한겨울 함박눈처럼 쏟아져 내린다. 나무는 곧 승천할 용 같다.

위의 글은 간송미술관이 소장하고 있는 조희룡의 〈매화서옥도(梅花書屋圖)〉를 묘사해본 것이다. 조희룡은 조선을 통틀어 매화를 가장 즐겨 그린 사람이다. 그가 매화를 얼마나 사랑했는지 다음의 고백을 통해 알 수 있다.

"나는 매화를 무척이나 좋아한다. 집에는 내가 그린 대형 매화 병풍이 펼쳐 있다. 벼루는 매화 시가 적혀있는 매화시경연(梅花詩境硯)이고 먹은 매화서옥장연(梅花書屋藏烟)을 사용한다. 매화 시도 백 편 지을 생각이다. 내가 사는 곳도 매화백영루(梅花百詠樓)라 이름 지었다. 차도 매화편차(梅花片茶)를 즐겨 마신다."

그는 자신의 호 또한 매화에 빠진 늙은이란 뜻의 '매수(梅叟)', 매화로 부처가 되려는 사람이란 뜻의 '매화두타(梅花頭陀)'라고 했다. 매화나무에 핀 꽃들을 부처님이라 생각해서 꽃송이 하나하나를 공양하듯 그렸다. 인장도 매화경, 매화시경이라 새겼다. 이쯤 되면 조희룡은 지독한 매화 마니아라 아니 할 수 없다.

조선의 선비들은 매화를 무척이나 사랑했다. 매화는 매서운 한겨울 추위를 이겨내고 꽃을 피우며 맑은 향기를 뿜어내기 때문이다. 눈보라 속에서 피어나는 모습이 마치 선비를 닮았다. 그래서 매화를 사군자 중 으뜸으로 치는 것이다. 매화 그림 또한 선비들로부터 많은 사랑을 받았다. 그 까닭은 선비들이 임포(林逋)의 삶을 동경했기 때문이다. 임포는 중국 북송 시대 시인으로 고산(孤山)이라는 깊은 산속으로 들어가 오직 매화와 학을 기르며 살았다. 그래서 그를 매처학자(梅妻鶴子)라 한다. 매화를 아내 삼고, 학을 자식 삼아 산 것이다. 이런 임포의 삶을 그린 것이 바로 〈매화서옥도〉다.

우봉(又峯) 조희룡(趙熙龍, 1789~1866)은 수많은 그림을 그렸으나 막상 자신의 모습은 그리지 않았다. 그래서 조희룡의 모습을 정확히 알 수는 없다. 다만 전해오는 말로는 육 척 장신으로 둥근 머리와 모난 얼굴 그리고 가로로 찢어진 눈과 성긴 수염의 모습을 했다고 한다.

하지만 조희룡의 모습이 담긴 그림 한 점이 있다. 유숙이라는 사람이 그린 〈벽오사소집도(碧梧社小集圖)〉이다. 벽오사는 조희룡의 벗들과 후배들이 만든 모임으로 그들은 매화차를 마시면서 시서화를 얘기했다. 호수가 있는 대나무 숲 근처에서 이루어진 모임을 그렸는데 그림 가운데 한지를 펼친 채 붓 한 자루를 놓고 앉아 있는 사람이 바로 조희룡이다. 그 곁에는 다섯 명의 선비가 앉거나 서서 이야기를 나누고 있다. 그림 아래에는 동자가 매화차를 달이고 있다.

이 그림을 통해 조희룡의 모습을 어렴풋이 가늠해 볼 수 있다. 일제 강점기의 서예가이며 독립운동가였던 오세창은 한국 역대 서화가 사전인 『근역서화징(槿域書畵徵)』에서 조희룡을 "학이 가을 구름을 타고 훨훨 날아가듯 길을 걸어다녔다"라고 묘사했다.[63] 참고로 근역(槿域)은 조선을 칭하는 말이다.

조희룡은 여항인(閭巷人)으로 문인화를 전문적으로 그렸

는데 여항은 백성의 살림집이 많이 모여 있는 곳이다. 조선은 사대부 문학이 주류를 이뤘는데 중인들이 따로 여항 문학을 만들었다. 조희룡은 여항 문인 화가를 대표하는 사람이었다. 그는 사대부 집안의 후손이었지만 집안의 조상들은 낮은 벼슬살이를 했다. 그래서 그는 사대부 정신을 지녔지만 여항인으로 살아갈 수밖에 없었다. 이렇게 해서 그의 독특한 예술 세계가 만들어지게 되었다. 오세창은 조희룡을 '묵장영수(墨匠領袖)'라 했다. 붓과 먹을 다루는 예술 세계에서 최고봉으로 극찬한 것이다.

조희룡은 서른한 살에 헌종의 명을 받아 궁궐로 들어갔다. 왕의 명령을 기록하는 일도 했고, 국가의 사적을 보관·관리하는 장서각에서 사서(司書) 일도 했다. 비록 낮은 계급의 관리였지만 헌종의 신임은 두터웠다. 그는 금강산 그림을 그려오라는 헌종의 명에 따라 금강산을 다녀오기도 했다. 만폭동 계곡을 건너다가 그만 미끄러져 죽을 뻔했다. 그래서 오래 살려고 구룡연 너른 바위에 자신의 이름을 깊이 새겨 넣기도 했다. 헌종은 조희룡의 회갑 날에 책과 벼루를 내려줄 정도로 그를 각별히 아꼈다.

헌종이 세상을 떠나자 조희룡은 성리학의 예법을 어떻게 푸느냐를 두고 벌인 예송논쟁(禮訟論爭)에 휘말리게 되었다. 그의 스승인 김정희가 한쪽 편을 지지하자 정권을 잡은 사람들은 조희룡을 김정희 측근으로 보고 전남 신안의 임자도로 유배를 보냈다. 그의 나이 예순을 훨씬 넘었을 때였다. 조희룡은 김정희와 세 살밖에 차이가 안 나고, 그에게 시서화의 기본만을 배웠을 뿐이다. 그리고 무엇보다 김정희는 조희룡을 제자로 인정하지 않았다. 결국 억울하게 유배를 간 것이다. 당시 중인이 유배 가는 일은 흔치 않았다. 조희룡은 1년 6개월 동안 임자도에서 귀양살이를 했다. 그 외로운 임자도에서 그는 자신만의 독특한 예술 세계를 구축했다. 그에게는 뜨거운 예술혼이 있었기에 절망을 희망으로 바꿀 수 있었다.

현재 조희룡의 매화 작품은 30점이 조금 넘게 남아 있다. 국립중앙박물관에도 〈매화서옥도〉가 있다. 한겨울이 지나고 매화꽃이 피면 그 그림을 보러 가야겠다. 이 복잡한 세상을 벗어나 그림 속의 주인공이 되고 싶다.

조선 불화의 전설 금암당 천여

　한국전쟁 때 강원도 설악산 신흥사에 있던 조선 불화가 미국으로 무단 반출되었다. 그 불화가 66년 만에 국내로 환수되어 신흥사에서 공개되었다. 불화는 〈영산회상도(靈山會上圖)〉로 부처님 설법을 듣기 위해 보살들, 제자들, 수호신들이 모여 있는 그림이다. 가로 4미터, 세로 3미터가 넘는 초대형 그림으로 조선 영조 때 제작되었다. 이 조선 불화는 미국 LA카운티박물관에서 여섯 조각으로 잘린 채 발견되었는데 이를 보수하여 공개한 것이다.

　르네상스 시대를 활짝 꽃피운 세 명의 화가가 있다. 레오나르도 다빈치, 미켈란젤로, 라파엘로이다. 그들의 작품은 종교와 깊은 관련이 있다. 다빈치가 이탈리아 수도원에 그린 〈최후의 만찬〉, 미켈란젤로가 로마 시스티나 성당 천장과 벽에 그린 〈천지창조〉와 〈최후의 심판〉, 라파엘로가 그린 〈성모자〉 등이 대표적인 그림이다.

우리는 이 그림들을 명작이라 부른다. 명작에는 작가의 종교적 영성이 들어있어 보는 사람으로 하여금 깊은 감동을 느끼게 한다. 우리나라에도 종교적 명작이 있다. 바로 불화(佛畫)이다. 고구려 스님 담징이 그린 일본 호류사(法隆寺) 〈금당벽화(金堂壁畫)〉는 동양의 3대 미술 작품으로 손꼽힌다. 이런 전통을 이어받은 고려 불화는 작품성과 디테일에서 단연 세계 제일이라 할 것이다. 고려 불화 중 대표적인 작품은 일본 가가미진자(鏡神寺)가 소장하고 있는 〈수월관음도(水月觀音圖)〉로 관세음보살의 모습이 물에 비친 달처럼 고요하고 아름답다고 해서 붙여진 이름이다.

하지만 안타깝게도 고려 불화 대부분은 외국으로 반출되었고 국내에는 몇 점 남아 있지 않다. 고려 불화의 맥을 이은 것이 바로 조선 불화이다. 그런데 조선 불화는 조선 회화 작품들에 가려 보이질 않는다. 조선 불화를 그린 작가들을 찾아보았다. 기록이 남아 있는 작가가 거의 없었다. 한 미술사학자의 글을 통해 금암당(錦庵堂) 천여(天如, 1794~1878)를 알게 되었다.

천여는 화승(畵僧)이다. 불교에서는 불화를 그리는 스님을 화승이라 부른다. 화승은 부처님 그림은 물론 절의 단청을 칠하거나 불상에 금을 입히는 일을 한다. 천여는 정조 때 전남 나주에서 태어났다. 그는 어릴 때부터 모래로 불상과 불탑을 만들었고, 나뭇잎과 꽃잎을 따서 부처님께 공양하며 불교와 인연을 맺었다. 열다섯 살 나이에 태고종의 총본산인 선암사의 물암대사에게 출가했다. 수도 생활 중에 부처님 말씀을 담은 『법화경』을 공부하게 되었는데 '七寶彩畵百福嚴身'이라는 글이 계기가 되어 불화와 깊은 인연을 맺게 되었다. 이것은 '불화를 그려 부처님께 공양하는 것은 일곱 가지 귀한 보물을 부처님께 공양하는 것과 같으므로 부처님의 크나큰 복을 받는다'라는 뜻이다. 천여는 이 말에 힘입어 스무 살 무렵부터 불화를 그리기 시작했다.

그에게 불화를 가르쳐준 스승은 도일 스님이었다. 도제식 불화 교육을 받은 그는 스님의 보조자로 선암사, 흥국사, 송광사의 불화 제작에 소임을 다했다. 천여는 불화 실력을 인정받아 그 이름이 불교계에 널리 알려지게 되었다. 서른여덟 살에는 단독으로 해인사의 〈산신도(山神圖)〉를 그렸다. 이것은 산신령을 그린 그림으로 우리 고유의 토속 신앙이 불교와 만나면서 자연스럽게 자리 잡은 불화이다.

그 후, 천여는 수석 화사가 되어 화승들과 함께 천은사의

〈신중도(神衆圖)〉를 제작했다. 〈신중도〉는 부처의 정법을 수호하는 여러 신을 그린 그림이다. 천여는 선암사를 중심으로 계속해서 불화 작업을 했는데 전국 각 사찰에서 요청이 오면 곧바로 응하곤 했다. 이는 '천 개의 부처상에 도금(鍍金)할 것'을 젊은 날에 맹세했기 때문이었다. 그는 아흔을 바라보는 나이에도 불화를 제작했다. 충북 신묘사에서 개금불사(改金佛事)를 요청해 가마를 보낸다고 했는데도 극구 사양하고 오백 리를 걸어가 작업을 끝마치기도 했다. 천여는 그 불화 제작을 마지막으로 선암사 청련암에서 입적했다.[64]

천여의 작품은 현재 30여 점밖에 남아 있지 않다. 작품 주제는 신중도, 산신도, 영산회상도, 지장보살도, 삼장보살도, 관음보살도, 아미타도, 칠성도, 시왕도 등으로 다양하다. 대표적인 작품으로는 해인사 〈산신도〉, 천은사 극락보전 〈신중도〉, 금탑사 극락전 〈아미타도〉, 장안사 대웅전 〈영산회상도〉, 선암사 향로암 〈관음보살도〉 등이 있다. 그의 초상화 한 점이 전해온다. 장엄한 법복을 걸쳐 입고, 왼손엔 주장자(拄杖子), 오른손엔 염주를 들었다. 넓은 이마, 긴 눈썹, 인자한 눈, 꼭 다문 입, 큰 귀의 모습이다. 결가부좌(結跏趺坐)한 자세로 옆을 바라보고 있다. 속세 나이 일흔한 살 때로 평생 불화를 그리며 도를 닦은 인자한 모습이다.

나는 법정 스님이 송광사 수련원 원장으로 계실 때 '출가

4박 5일'이란 프로그램에 참가했다. 마지막 날 철야 용맹정진이 있었다. 밤새 1080배 절을 올려야 했다. 수련생들은 비장한 각오를 했다. 스님의 목탁 소리에 맞춰 다 함께 큰 소리로 '석가모니불!'을 외치며 절하기 시작했다. 온몸에서 땀이 비 오듯 쏟아졌다. 무릎 통증은 이미 사라진 지 오래였다. 마비된 무릎은 기계처럼 움직였다. 시간이 어떻게 흘러갔는지 모른다. 어느덧 먼동이 터오기 시작했다. 드디어 철야정진이 끝났다는 목탁 소리가 울렸다. 여기저기서 울음소리가 터져 나왔다. 그 모습을 바라보던 내 눈에서도 눈물이 흘러내렸다. 그렇게 용맹정진하며 수련했던 곳이 '사자루(獅子樓)'이다. 그 사자루 한가운데 천여의 화풍을 이어받은 영산회상도 한 폭이 걸려 있었다.

추사와 초의를 스승으로 모시다 소치 허련

허련(許鍊, 1808~1893)의 자는 '마힐(摩詰)'이고 호는 '소치 (小癡)'이다. '소치'라는 호는 그의 스승인 김정희가 지어주었다. 중국 원나라에 황공망이란 문인 화가가 있었는데 그의 호가 대치(大癡, 큰 바보)였다. 김정희는 그의 화풍을 좋아해서 사랑하는 제자 허련에게 조선의 황공망이 되라며 '소치'란 호를 지어주었다. '마힐'은 당나라 남종화와 수묵 산수화의 창시자인 왕유의 자이다. 허련은 왕유를 존경하여 그의 자뿐만 아니라 이름까지 허유로 바꾸기도 했다. 허련은 조희룡, 전기와 함께 김정희 유파에 속한다. 그는 스승의 초상화를 그릴 정도로 김정희를 무척이나 사모했다.

허련은 광해군 시대의 허균과 연결된다. 허균은 명문가 집안으로 높은 관직에 올라 사회 개혁을 꿈꾸었으며『홍길동전』을 저술했다. 광해군을 지지하던 대북파가 선조의 적장자인 영창대군의 지지 세력 제거를 위해 계축옥사를 일으켰을 때 허균은 이에 연루되어 참혹하게 죽임을 당한다. 이로 인해 양천 허씨 성을 가진 사람들은 멸족 위기에 처했다. 이런 급박한 상황에서 허대라는 사람이 식구들을 데리고 전라남도 진도로 피신했는데, 허대의 후손이 바로 허련이다. 허련과 진도는 이런 인연이 있다.

진도와 해남은 거의 붙어있을 정도로 가깝다. 해남에 있는 고산 윤선도 고택 녹우당(綠雨堂)에는 윤씨 집안의 보물인 공재 윤두서의 작품집『공재화첩(恭齋畵帖)』이 소장되어 있었다. 허련은 그 화첩을 빌려 몇 달씩 보고 베끼며 그림 공부를 했다. 이 화첩은 그에게 그림 교과서였다.

그가『공재화첩』으로 공부할 수 있게 된 데는 대흥사 초의선사(草衣禪師) 도움이 컸다. 초의는 추사 김정희와 금란지교(金蘭之交)로 유명한 사람이다. 초의는 그림에도 조예가 깊었으며 허련의 첫 번째 스승이었다. 허련은 초의에게 학문과 그림의 기초를 배웠다. 초의는 허련이 그린 그림을 가지고 한양으로 가서 김정희에게 전했다. 그림을 본 김정희는 허련을 한양으로 불러들였다. 그리하여 허련은 서른이 넘은 나이에 김정희 밑에서 본격적으로 그림 공부를 하게 되었다. 그의 그림 실력은 나날이 늘어 가르침을 받은 제자 중 가장 뛰어났다. 김정희는 "압록강 동쪽에는 이와 비교할 만한 그림이 없다(鴨水以東 無此作矣)"라고 허련을 높이 칭찬했다. 이렇게 허련은 초의와 김정희를 두 스승으로 모시고 자신의 예술 세계를 활짝 펼치기 시작했다.

허련은 스승 김정희를 극진히 모셨다. 그가 정치적 모함을 받고 제주도로 귀양을 가게 되자 해남까지 따라가 배웅하였고, 제주에서 아홉 해 동안 유배 생활을 할 때도 세 번씩이나 바다를 건너 스승을 만나러 갔으며, 그곳에서 1년 이상 스승을 모시기도 했다. 그리고 스승을 모시는 동안 그림 공부도 했다. 그의 스승은 당시 유행하던 진경산수화에 대해 비판적이었다. 중국의 전통 화풍인 남종화를 중시했다. 허련은 스승이 세상을 떠난 후 스승의 글들을 모아 탁본하여 첩으로 만들기도 했다. 그는 스승의 화풍을 그대로 이어받아 진도에 운림산방(雲林山房)이란 화실을 열었다. 운림산방은 후에 호남 회화의 상징이 되었으며 호남 남종화의 성지로 불리게 된다. 허련의 화풍은 아들 미산 허형, 손자 남농 허건, 그리고 족속인 의재 허백련으로 이어지게 된다.

허련은 당시 유명한 사람들과 적극적으로 교유하였다. 그가 교유한 인물로는 막강한 권력을 쥐고 있던 흥선대원군

이하응, 영의정까지 지낸 권돈인과 김흥근, 난초 그림으로 유명한 민영익 대감 등 당대 최고의 실력자들이었다. 흥선대원군은 허련을 "평생 맺은 인연이 난초처럼 향기를 풍긴다(平生結契其臭如蘭)"라고 높이 평가했다. 뿐만 아니라 그는 권돈인의 집에 머물면서 임금에게 바칠 그림을 그려 헌종을 여러 차례 만나기도 했다. 헌종에게 바친 그림은 〈설경산수도(雪景山水圖)〉로 그림을 받아본 헌종은 허련을 크게 칭찬했고 지필묵(紙筆墨)을 선사해 주기도 했다. 임금이 지방의 화가에게 이렇게 대우해 주는 것은 극히 이례적인 일이었다. 이는 허련에 대한 높은 평판이 뒷받침되었기 때문에 가능했다.

그의 대표적인 작품으로는 〈선면산수도〉〈설경산수도〉〈하경산수도〉〈추강만교도〉〈김정희 초상〉 등이 있다. 서울대학교 박물관에 소장된 〈선면산수도(扇面山水圖)〉를 살펴보자. 선면(扇面)은 부채의 종이 부분을 의미하는 것으로 〈선면산수도〉는 부채의 종이에 그린 산수화이다. 그림에는 부채의 촘촘한 살 자국이 선명히 남아 있다.

부채는 여름에 쓰는 물건이라 시원한 느낌을 주기 위해 화가들은 부채에 여름 풍경을 즐겨 그린다. 부채를 펼치면 장엄한 산수가 파노라마처럼 펼쳐진다. 계절은 여름이다. 울타리를 친 작은 집에는 아무도 없고 텅 비어 있다. 집 뒤로는 높은 산이 연이어 있고, 집 앞에는 잘 자란 소나무 한 그루가 기품 있게 서 있다. 집 왼쪽에는 다리가 있는데 그 위로 한 선비가 지팡이를 짚고 건너고 있다. 집을 향해 가는 중이다. 그 드넓은 공간에 사람은 선비 한 사람뿐이다. 한가로운 산속 여름 풍경이다.

허련은 그림의 빈 공간을 글자로 가득 채웠다. 하늘이 온통 글자로 빼곡하다. 글 내용은 여름날 깊은 산속의 한가로움을 이야기한 듯하다. 이 부채를 부치면 산바람과 계곡 바람이 시원하게 불어올 것만 같다. 한여름 더위를 순식간에 날려 보낼 부채이다. 허련은 스승으로부터 배운 전통 화풍을 작품 속에 그대로 담았다.

국립중앙박물관에는 스승 추사 김정희를 그린 그의 작품 〈김정희 초상〉이 있다. 그림 속 추사는 머리에 오사모(烏紗帽)를 쓰고 담홍포(淡紅袍) 옷을 입고 온화한 미소를 짓고 있다. 짙은 눈썹은 위로 약간 올라갔고, 눈과 눈가가 무척이나 인자하다. 코는 반듯하게 위에서 아래로 내려왔고 입은 엷은 미소를 띠고 있다. 볼도 발그스레하다. 수염도 가지런하다. 불현듯 그림 안으로 들어가 김정희에게 큰절을 올리고 싶은 생각이 든다. 제자는 스승을 이렇게 다정다감한 모습으로 그렸다. 스승을 존경하는 마음이 그지없기에 제자의 붓끝은 천천히 그리고 따뜻하게 움직였다.

이 그림을 보니 문득 겸재 정선이 그린 〈정문입설도(程門

立雪圖)〉가 떠오른다. 이 그림은 사제 간의 가장 이상적인 모습을 그린 작품으로 정문입설(程門立雪)은 제자가 스승을 지극히 존경함을 일컬을 때 쓰는 말이다.

눈이 오는 날, 두 제자가 스승을 만나러 간다. 마당에 들어서니 스승은 눈을 감고 사색에 잠겼다. 두 제자는 마당에 서서 스승이 눈 뜨기를 기다렸다. 이윽고 스승이 눈을 뜨고 물러가라고 했다. 그때는 이미 마당에 눈이 한 자나 쌓여 있었다. 정선은 마당에 서서 기다리는 두 제자의 모습을 그렸다. 머리에서 무릎 위까지는 잘 그렸는데 무릎 아래는 아예 그리지 않았다. 그리다 만 것도 아니고 잘못 그린 것도 아니다. 의도적으로 그렇게 그린 그림으로 정선은 두 제자가 사립문을 들어설 때부터 내리기 시작한 눈이 무릎까지 차오른 모습을 표현한 것이다. 여기서 스승은 송학의 대가인 정이이고, 두 제자는 유초와 양시이다. 중국의 고사를 그림으로 그린 것이다.

스승 추사 김정희와 그 제자 허련이 나란히 있는 그림이 어딘가에 있을 것 같은 느낌이 든다.

조선 묵란화의 거장 석파 이하응

철종은 안동 김씨 세력에 의해 왕이 되었다. 강화에서 농사지으며 건강했던 몸은 궁궐 생활을 하면서 약해질 대로 약해져 서른셋이라는 젊은 나이에 세상을 떠나게 되었다. 철종은 영조, 사도세자. 정조, 순조, 헌종으로 이어지는 왕족 혈통의 마지막 인물이다. 그런데 후사가 없었다. 이때 왕실이 찾아낸 인물이 바로 흥선대원군(興宣大院君) 이하응(李昰應, 1820~1898)이었다. 대원군은 왕위를 이을 적자 손이 없어 왕족 중에서 왕위를 이어받았을 경우, 그 왕의 친아버지에게 봉하던 직위이다. 흥선대원군은 왕실 최고 어른인 조대비(익종의 왕비이자 헌종의 어머니)의 허락 하에 어린 아들을 왕으로 세웠다. 대원군은 직접 왕위에 오르고 싶었으나 왕은 항렬(行列)을 따라야 했기에 어쩔 수 없이 둘째 아들을 왕으로 앉혔다. 그러고는 어린 임금을 대신해 섭정을 했다. 그 어린 임금이 바로 고종이다.

흥선대원군은 안동 김씨를 비롯한 권문세가들을 권력에서 배제하고 소외된 사람들을 과감히 등용했다. 또한 각종 특혜를 누리며 국가 재정을 약화시켰던 서원을 철폐했다. 서원 철폐는 특히 유림의 반발이 컸음에도 불구하고 "백성을 해치는 자는 공자가 다시 살아난다 해도 내가 용서하지 않겠다"라며 과감히 밀어붙였다. 또한 국가 재정 수입을 늘리고 부세(賦稅) 부담을 공평하게 하기 위해 다양한 정책을 펼쳤다. 조선 왕조의 정체성을 살리기 위해 임진왜란 때 불에 탄 경복궁을 재건하기도 했다.[65]

이 시기 서양 국가들이 통상을 요구하며 무력을 앞세워 쳐들어왔다. 대원군은 통상을 거부했다. 프랑스는 병인양요를 일으켰고, 미국은 신미양요를 일으켰다. 이때부터 대원군의 쇄국 정치가 본격적으로 시작된다. 대원군은 "오랑캐가 쳐들어올 때 싸우지 않는다면 화친하는 것이요, 화친을 주장하는 것은 나라를 팔아먹는 것이다(洋夷侵犯 非戰則和 主和賣國)"라는 말을 새긴 척화비(斥和碑)를 전국 곳곳에 세웠다.

이하응의 자는 '시백(時伯)'이고 호는 '석파(石坡)'이다. 대원군을 만나본 사람의 얘기에 따르면 그는 다섯 자 두 치로 체구가 작았으나 원기가 있고, 그 눈은 항상 번득번득하여 보기에 무서웠으며, 무엇이라 형언하기 어려운 넘볼 수 없는 위엄이 있다고 했다.[66] 대원군은 역사 속에서 정치가로만 부각되어 있고 예술가로서의 모습은 잘 드러나 있지 않다.

그는 10여 년간의 집권기를 제외하면 나머지 시간의 대부분은 은거나 유폐된 상태로 살았다. 이 기간 동안 이하응은 수많은 난을 그렸다. 그의 삶을 볼 때 정치가의 삶보다는 예술가로서의 삶이 더 길었다고 할 수 있다.[67] 이하응은 추사 김정희의 제자이다. 그가 김정희를 찾아간 것은 김정희가 제주 유배지에서 풀려났을 때였다. 그때 김정희의 나이 예순넷이었고, 이하응의 나이는 서른이었다. 이하응은 김정희의 화첩을 보며 난 치는 법을 배우고 익혔고 김정희는 이하응의 난초 그림을 보고는 크게 칭찬했다고 한다.[68]

이하응의 난초 그림 중 적지 않은 그림이 가짜이다. 그는 조선 말기 복잡한 정세 속에서도 난초를 그렸다. 서른 이후 난초를 그리기 시작해 세상 떠날 때까지 그렸으니 거의 40년 이상 난초를 그린 셈이다. 그렇다 보니 이하응만의 독특한 난초 그림이 탄생했는데 그것은 바로 '석파란(石坡蘭)'으로 그의 호를 따서 지어진 이름이다. 석파란이 유명해지자 그의 그림을 갖고 싶어 하는 사람들이 많아지게 되었고 그

수요를 당해낼 수 없었다. 그래서 다른 사람을 시켜 그림을 그리게 하고 자신은 낙관만 찍었다고 한다. 그러니 이하응의 난초 그림이 많을 수밖에 없다. 김옥균은 이에 대해 "세상에 는 석파의 난초 그림이라는 것이 있으나 많은 것이 가짜다. 그 이유는 선생이 나이 칠십이라 그림 그리는 데 피곤을 느 꼈기 때문이다"라고 말했다.[69]

이하응은 난초 그리는 이유를 다음과 같이 말했다. "무릇 내가 난을 그리는 것은 천하의 수고로운 사람을 위로하기 위함이지 천하의 안락을 누리는 사람에게 바치려는 것이 아 니다." "내가 난을 그리는 것은 천하의 안락하게 부귀를 누리 는 사람을 위한 것이 아니라 다만 천하의 스스로 청빈함을 즐기는 사람을 위한 것이다."[70] 이하응은 자신이 난초 그리 는 이유를 '수고로운 사람(勞人)과 청빈함을 즐기는 사람(淸 貧之人)을 위해서'라고 분명히 밝혔다.

이하응의 난초 그림은 시대별로 구분해 볼 수 있다. 급격 한 개혁 정치로 말미암아 양반과 상민들의 반감은 심해졌고, 대원군의 세도정치는 막을 내리게 되었다. 이하응은 경기 도 양주 직곡산방(直谷山房)으로 은퇴했다. 그 직곡 시절 그 는 다양한 유형의 묵란화(墨蘭畵)를 그렸다. 세로의 긴 화면 에 아무런 배경 없이 각각의 묵란을 지그재그 식으로 배열 한 군란화(群蘭畵), 대련(對聯)을 기본으로 양쪽 화면 가장자리에서 돌출한 바위와 그 위아래에 난을 배치한 석란화(石蘭畵), 그리고 자연 상태의 난이 언덕이나 골짜기에 무리 지어 핀 총란화(叢蘭畵)를 그렸다.[71]

그 후, 이하응은 임오군란을 계기로 재집권한다. 청나라 장수의 만찬 초대에 참석한 이하응은 연회장에서 조선에 진주한 리흥장(李鴻章) 부대에 체포되어 중국의 한적한 시골 마을 보정부(保定府)에서 3년 넘게 감금 생활을 했다. 보정부에서의 감금 생활은 병고에 시달리는 고독한 나날들이었다. 이하응은 리흥장에게 "물과 풍토가 맞지 않아 온갖 질병에 시달려 기력이 날로 쇠진했으며, 병세가 악화되어 수족을 움직일 수 없다"라고 호소했다. 그는 이런 고난과 시련을 난초 그림으로 승화시켰다.

그 결과, 그의 석파란은 중국인들에게까지 알려질 정도로 유명해졌다.[72] 청나라에서 귀국한 이하응은 재집권을 위해 부단히 노력했지만 연이어 실패하고 만다. 그는 정치적 실패가 반복되었음에도 재기의 야심을 버리지 않았다. 그리고 이런 심리 상태를 석란화로 표출했다. 생을 마감할 때까지 운현궁에서 지내며 석란화를 그렸다. 그의 마지막 작품은 일본 정치인 고오무치 도모쓰네에게 그려준 석란화였다.[73]

내가 흥선대원군 이하응을 알게 된 것은 중학교를 막 졸업한 후였다. 인천에서 중학교를 다니고 서울에 있는 고등학교를 지원했다. 당시에는 고등학교 입학시험이 있었다. 그런데 그만 떨어지고 말았다. 그래서 영종도에 있는 용궁사라는 절에서 몇 달 동안 공부하게 되었다. 공부는 절에서 한참 떨어진 오두막에서 하고 밥은 절의 요사채로 올라와 먹었다. 요사채 툇마루에는 크고 멋진 현판이 걸려 있었고 한자로 '龍宮寺'라고 새겨져 있었다. 주지 스님 말씀이 철종 시절에 흥선대원군 이하응이 이 절에 왔다가 절의 전설을 듣고 절 이름을 용궁사라고 정해주고 현판을 써주었다고 했다.

현판에는 '石坡'라는 이하응의 호가 또렷하게 새겨 있고 낙관 두 개가 위아래로 찍혀 있다. 용궁사는 신라 원효대사가 세운 오래된 절로 수령이 1,300년이나 되는 느티나무가 두 그루 있다. 흥선대원군의 이야기를 하다 보니 문득 용궁사가 그리워진다.

서른에 요절한 천재 화가 고람 전기

조선 후기에는 매화 그림이 유행했다. 특히 매화가 만발한 깊은 산속에 은거하는 선비 그림이 많았다. 그 선비 중에 중국 서호 고산에 독신으로 은거해 살면서 매화와 학을 지극히 사랑했던 북송의 시인 임포가 있다. 매화 그림이 유행하게 된 것은 추사 김정희의 동생인 김상희가 연경을 방문한 것과 깊은 관련이 있다. 그는 연경에서 추사 김정희와 친하게 교유했던 청나라 문인들을 여러 사람 만났다. 그때, 형이 만났던 최고의 금석학자 옹방강을 만나고자 했는데 그는 이미 세상을 떠나고 없었다. 그래서 그의 제자 오숭량을 만났다. 오숭량은 시인으로 매화를 무척이나 사랑한 사람이었

전기, 매화초옥도(국립중앙박물관 소장)

다. 오숭량은 김상희에게 임포의 고사를 그린 〈매화서옥도〉
한 점을 선물로 주었다. 이것이 계기가 되어 김정희 주변 사
람들이 매화를 그리기 시작했다.[74]

전기의 〈매화초옥도(梅花草屋圖)〉는 조희룡의 〈매화서옥
도〉와 분위기가 사뭇 다르다. 조희룡의 그림은 선비가 홀로
서옥에 들어앉아 독서삼매경에 빠진 고즈넉한 모습인데 전
기의 그림은 선비가 두 명이나 등장하고 조망이 넓으며 환
한 모습이다. 전기의 〈매화초옥도〉 안으로 들어가 보자.

온 산이 흰 눈으로 뒤덮였다. 산등성이에 삐쭉 솟아오른

녹색 나무들이 보이는데 소나무인 듯하다. 산기슭과 계곡 곳
곳에는 매화나무가 있어 흰 눈보다 더 희게 매화가 만발했
다. 매화나무 사이에 서옥(書屋)이 있고 그 안에는 녹색 옷을
걸친 선비가 피리를 불고 있다. 서옥 건너편에는 작은 나무
다리가 있는데 주홍색 옷을 걸친 또 다른 선비가 어깨에 거
문고를 둘러메고 건너오고 있다. 선비의 주홍색 옷 색깔이
하이라이트가 되어 그림 전체 분위기를 환하게 살리고 있다.

두 선비의 모습은 마치 『논어』에 나오는 "벗이 멀리서 찾
아주니 또한 즐겁지 아니한가(有朋自遠方來 不亦樂乎)"를 그림
으로 옮겨 놓은 듯하다. 그림 오른쪽 아래에는 "역매가 초옥
에서 피리를 불고 있다(亦梅仁兄 草屋笛中)"라는 화제가 적혀
있다. 역매(亦梅)는 역관 오경석으로 청나라를 여러 차례 드
나들며 중국 문물을 수집한 사람이다. 이 오경석의 아들이
바로 독립운동가이며 『근역서화징』을 지은 오세창이다. 따
라서 서옥에서 피리를 부는 사람은 오경석이고, 거문고를 메
고 찾아오는 사람이 바로 전기이다. 이 그림은 두 사람의 따
뜻한 우정을 그린 작품이다.[75] 설산, 하얀 매화꽃, 녹색 옷, 주
홍색 옷, 피리와 거문고. 이러한 것들로 인해 그림은 온통 잔
치 분위기다.

반면 전기의 〈계산포무도(溪山苞茂圖)〉는 〈매화초옥도〉와
는 사뭇 다른 스타일의 작품이다. 그림은 빠른 속도로 붓질

을 했다. 곡선을 몇 줄 빠르게 그어 올렸더니 산이 되었고, 직선을 몇 줄 빠르게 그었더니 초정(草亭)이 되었다. 또한 가로와 세로로 빠르게 짧은 줄을 몇 줄 그었더니 대나무 숲이 되었다. 나무줄기는 가는 붓으로 형태만 잡고 그 안은 빠른 속도로 붓질했다. 나무에 달린 잎도 마찬가지로 그렇게 표현했으며 화제(畫題)도 속전속결로 써 내려갔다.

그런데 화제가 어디서 많이 본 글씨체이다. 바로 추사체이다. 전기가 김정희의 제자였으므로 그의 서예 스타일을 그대로 본받아 쓴 것이다. 〈계산포무도〉를 가만히 들여다보면 자신만만하게 그린 것 같기도 하고 또 다르게 보면 정말 성의 없이 거칠게 그린 것 같기도 하다. 이런 화법을 독필(禿筆)의 운필법(運筆法)이라 한다. 독필은 끝이 거의 닳은 몽당붓을 의미한다. 그래서 그런지 맑은 멋과 그윽한 멋을 동시에 느낄 수 있다. 이 작품에서는 이상하게도 이상의 시 「오감도(鳥瞰圖)」가 떠오른다.

"十三人의 兒孩가 道路로 疾走하오.(길은막다른골목이適當하오.)
第一의 兒孩가무섭다고그리오.
第二의 兒孩도무섭다고그리오."
……

이렇게 난해하게 반복되는 시 언어와 빠른 속도로 붓질을 반복해서 그린 그림이 연합되어 '오감도'가 연상되었나 보다. 〈계산포무도〉의 화제는 "외로운 마음으로 계산(溪山)에 대한 그리움을 그림으로 그리다"라고 적혀있다. 산과 계곡에 있는 오두막에서 조용히 살고 싶은 전기의 마음을 담은 그림이다.

고람(古籃) 전기(田琦, 1825~1854)는 약포(藥鋪)를 운영한 중인이다. 의관 유최진이 약포를 개업하는 데 도움을 주었다. 전기는 늘 몸에 병을 지니고 살았다. 자신뿐만 아니라 늙은 부모와 부인까지 가족 모두가 병에 시달렸다. 그러니 전기가 왜 약포 가게를 운영하게 되었는지 그 이유를 조금은 알 것 같다. 전기는 후배 유재소와 친하게 지냈는데 '이초당(二草堂)'이라는 호도 같이 사용할 정도였다. 이초당은 두 사람이라는 뜻도 되고 약초 가게라는 뜻도 된다. 오경석에 따르면, 전기는 약을 지어줄 때마다 남은 종이에 글이나 그림을 남겨 주었다고 한다. 낙관은 '특건약창(特建藥窓)'이라 했다. 자신이 조제한 약에 대한 자부심이 컸고 예술의 향기까지 함께 담아 처방했으니 이초당은 아주 특별한 약포 가게였던 것 같다.[76] 그렇지만 전기는 안타깝게도 서른 살이라는 젊은 나이에 세상을 떠났다.

그는 여항 문인의 모임인 벽오사의 핵심 멤버였다. 이 모임의 대표적 인물로는 이기복, 조희룡, 유재소, 유숙, 나기 등을 들 수 있다. 이들은 대부분 경제적으로 안정된 삶을 영위했고, 사대부와도 교유하며 옛 선비의 풍류를 추구했다. 조희룡은 전기를 가리켜 체구가 크고 빼어나며 인품이 그윽하여 진나라, 당나라의 그림 속에 나오는 인물 같다고 했다. 전기는 오경석과 함께 역관 이상적 문하에 출입하면서 김정희를 알게 되었다.[77]

김정희가 제주 유배에서 돌아오자 화가 여덟 명이 그에게 가르침을 청했는데 이한철, 박인석, 조중묵, 유숙, 김수철, 허련, 유재소, 전기였다. 이들이 그림을 그려오면 김정희는 평을 해주었다. 그는 전기의 그림을 보고 "쓸쓸하고 조용하며 간결하고 담백한 것이 자못 원나라 화가의 품격과 운치가 있다"라고 높이 평가했다.[78] 전기는 그에게 그림을 제대로 배운 화가였다. 그래서 전기의 작품 대부분은 김정희의 화풍을 그대로 이어받은 명작으로 평가되고 있다.

전기의 〈매화초옥도〉를 보니 문득 서울예술대학교의 매화가 생각난다. 학교 교정을 들어서면 공중에 코카콜라 색 빨간 다리가 떠 있다. 그 다리는 건너다니는 다리가 아니라 도서관인데 학생들이 이렇게 부른다. 그러니까 공중에 떠 있는 도서관인 셈이다. 그래서 그곳에서의 전망은 최고다. 빨간 다리는 학교의 안과 밖을 구분한다. 다리를 지나야 비로

소 학교 안으로 들어온 것이다. 그 빨간 다리 밑에는 매화를
많이 심어 놓았다. 그 매화는 보통 매화가 아니다. 수양 매화
라고 부르는 특별한 품종의 매화이다. 수양버들과 매화를 접
목시킨 것이다. 모습은 수양버들을 닮아 춤을 추는 듯한데
그 춤추는 모습이 각기 달라 한그루 한그루가 모두 예술 작
품 같다.

  인근에는 무용을 전공하는 학생들의 강의실과 실습실이
있다. 학생들은 이곳을 오가며 수양 매화의 모습을 자연스럽
게 몸과 마음에 담는다. 그래서 학생들이 무대에서 작품 발
표하는 모습을 보면 마치 그 빨간 다리 밑의 수양 매화처럼
보인다. 수양 매화꽃의 향기는 무척이나 진하다. 바람이 불
어오면 캠퍼스 전체가 매화 향기로 뒤덮인다. 멀리 떨어진
내 연구실까지도 그 향기가 날아온다. 그러면 내 연구실은
마치 전기의 〈매화초옥도〉의 그 서옥이 되고 나는 그 서옥의
주인이 된다. 한국음악과에서 피리를 가르치는 교수님이 혹
시 피리를 들고 내 연구실을 찾아와 한 곡조 들려주지 않을
까 기대해본다.

그림에 취한 신선 오원 장승업

'장승업' 하면 제일 먼저 떠오르는 것이 영화 〈취화선(醉畫仙)〉이다. 영화 포스터에는 푸른 창의(氅衣)를 입고 한 손에는 술병을 쥔 채 기와지붕 위에서 호탕하게 웃고 있는 장승업의 모습이 담겨있다. '취화선'은 그림에 취한 신선이란 뜻이다. 임권택 감독은 이 영화로 칸 국제영화제에서 최우수 감독상을 받았다. 촬영 정일성, 음악 김영동, 각본 김용옥, 연기 최민식·안성기·손예진·유호정·김여진 등 정말 쟁쟁한 사람들이 만들었다. 이글거리는 가마 불길 속으로 훌쩍 들어가는 장승업의 마지막 모습이 무척이나 인상적이었다.

오원(吾園) 장승업(張承業, 1843~1897)은 안견, 김홍도와 함께 조선 3대 화가 중 한 사람이다. 안견에게는 안평대군이라는 권세가가 있었고, 김홍도에게는 강세황이라는 훌륭한 스승이 있었다. 또한 그들은 정치적으로 안정되고 문화적으로도 꽃 피던 시대에 그림을 그렸다. 하지만 장승업은 그렇지 못했다. 고아로 자랐고, 훌륭한 스승 밑에서 제대로 된 그림 공부를 받아본 적도 없다. 더구나 조선 말기 극심한 정치적 혼란과 쇠퇴해가는 국운 속에서 살아야 했다. 그렇지만 조선 미술사에 길이 기록될 예술 작품을 남겼다. 장승업은 "나도 원(園)이다"라며 호를 '오원(吾園)'이라 했다. 혜원 신윤복, 단원 김홍도와 견줘도 못하지 않다는 자신감이다.

장승업은 이곳저곳 떠돌다 한성으로 올라와 종이와 그림을 파는 지전(紙廛)에서 일했다. 그 후 중인 계급의 재력가로 중국 화가들의 그림을 많이 소장한 이응헌의 집으로 옮겨갔다. 거기서 허드렛일을 하며 중국과 조선의 그림들을 눈으로 공부했다. 그러던 어느 날 몰래 붓을 들어 다른 사람이 미완성한 그림을 완성했고, 그것이 이응헌의 눈에 들었다. 장승업의 천재성을 알아본 것이다. 이응헌은 후원자가 되어 장승업의 작품 활동을 돕기 시작했다. 그의 독특한 그림은 장안의 화제가 되었다. 사람들이 돈을 싸들고 그를 찾아왔고 작품은 날개가 돋친 듯 팔려나갔다. 장승업의 그림들에는 제목을 붙여 짓는 시의 글씨체가 제각각이다. 공부를 제대로 하지 못했기 때문에 제시(題詩)를 쓸 수 없어 다른 사람들에게 부탁했던 것이다. 각기 다른 글씨체의 제시를 볼 때마다 안타까운 생각이 든다.

그는 예술가로만 살았다. 세속적인 것에는 일절 얽매이지 않았다. 돈과 벼슬을 하찮게 여겼다. 그의 그림값은 모조리 술값으로 나갔다. 술을 좋아해서 그림을 그리려면 반드시 그 옆에 술병이 있어야 했다. 술이 떨어지면 붓이 멈췄다. 술이 들어가야 붓이 움직였다. 다음과 같은 이야기가 전해 내려온다.

장승업의 그림 실력이 장안을 떠들썩하게 하자 고종은 그를 궁궐로 불러들였다. 병풍에 쓸 그림을 그리라는 지시와 함께 그가 좋아하는 술은 하루에 두서너 잔만 주기로 약속했다. 장승업은 붓을 잡고 그림을 그리기 시작했다.

하지만 얼마 가지 않아 술 생각 때문에 도저히 그림을 그릴 수 없었다. 그는 그림에 쓸 재료를 구한다는 핑계를 대고 술집으로 줄행랑쳤다. 임금은 장승업을 붙잡아오도록 명령하고 더욱 엄중히 감시했다. 하지만 장승업은 다시 도망쳤다. 화가 치민 임금은 그를 다시 붙잡아 아예 포도청에 감금했다. 장승업을 끔찍이 아꼈던 민영환이 임금에게 간곡히 아뢰어 자신의 집에서 그림을 완성토록 하겠다는 약속을 하고 그를 데려왔다.[79] 그러나 그곳에서도 장승업은 술집으로 도

장승업, 호취도

망치길 반복했다. 결국 임금이 지시한 병풍 그림은 완성하지 못했다. 장승업은 이처럼 술을 환장할 정도로 즐겼다. 그래서 자신의 호를 '취명거사(醉暝居士)'라 했다.

장승업의 작품 중 내가 가장 좋아하는 그림은 〈호취도(豪鷲圖)〉이다. 커다란 나뭇가지에 두 마리 독수리가 앉아 있다. 한 마리는 몸을 활처럼 잔뜩 구부리고 먹이를 노려보고 있다. 날카로운 부리와 발톱 그리고 이글거리는 눈빛. 이 모두가 절대 놓치지 않겠다는 의지의 표상이다. 다른 한 마리는 먹이에 전혀 관심이 없다. 달관한 듯한 표정을 짓고 있다. 장승업이 현실 세계와 이상 세계를 대비시켜 그린 것이 아닐까라는 생각이 든다. 이 그림은 세상살이는 두 가지 눈을 갖고 살아가야 한다는 메시지를 준다.

"Plain living but high thinking!"

'노근묵란'의 삶 운미 민영익

운미(芸楣) 민영익(閔泳翊, 1860~1914)은 문인이자 정치가이며, 예술가이다. 그는 고종의 비(妃)인 명성황후의 친정 조카이기도 하다. 청운의 꿈을 품고 문과에 응시하여 급제했다. 첫 벼슬로 이조참의(정3품)가 되었으나 구한말 엄청난 정치적 변동 속에서 파란만장한 삶을 살아야 했던 사람이다. 구식 군대의 차별대우로 일어난 임오군란, 개화당이 민씨 일파를 몰아내고 정치를 쇄신하려고 일으킨 갑신정변, 조선의 이권을 둘러싸고 일어난 청일전쟁, 고종의 왕비인 명성황후가 시해된 을미사변, 고종이 러시아 공관으로 피신한 아관파천, 조선의 외교권을 박탈한 을사늑약, 대한제국의 국권을 완전히 상실한 경술국치를 민영익은 모두 겪었다.

그는 국내외적으로 많은 활동을 하였다. 그가 맡은 관직을 보면 이조참의, 경리통리기무아문군무사당상, 권지협판교섭통상사무, 혜상공국총판, 금위대장, 협판군국사무, 우영사, 협판내무부사, 병조판서, 한성부판윤, 통위사, 연무공원관리사무, 판의금부사, 선혜청당상 등으로 부지기수다. 직책명이 무척이나 복잡하고 어렵다. 구한말 서구 열강들이 한반도 조선 땅에서 판을 치는 시대라 직책명도 혼란스럽다. 민영익은 이러한 직책을 갖고 박영효, 김옥균과 함께 일본에 파견되어 개화 상황을 시찰하였다. 또한 미국 친선사절로 미국 제21대 대통령인 아서(Chester Alan Arthur)를 만나 양국 간 우호와 친선에 대해 논의했다. 이때 홍영식, 서광범, 유길준 등 개화파 인사들과 동행했는데 미국의 새로운 제도와 문물을 익히는 기회가 되었다.

그 후 굳게 믿었던 김옥균이 갑신정변을 주도하였고, 민영익은 개화당 및 일본 군대에 피습당해 몸을 크게 다쳤다. 그리고 정부의 외교 정책을 중국 실세인 위안스카이(袁世凱)에게 알리고 정치적 위협을 느껴 중국으로 피신했다. 또한 고종 폐위 음모 사건에 연루되어 끝내는 중국으로 망명했다. 그의 이러한 행적을 보면 숨이 턱턱 막힌다. 휘몰아치는 역사의 현장에서 얼마나 바쁘게 살았는지 알 수 있을 것 같다.

조선 시대 선비들은 사군자를 많이 그렸는데 민영익도 예외는 아니었다. 사군자는 매화, 난초, 국화, 대나무이다. 선비는 사군자를 그릴 줄 알아야 했다. 사군자 그림은 선비의 교양이었다. 군자(君子)는 유교에서 지향하는 가장 이상적인 모습으로 공자가 추구한 교육 목표이기도 했다.

『논어』에는 '군자'라는 말이 무려 예순여섯 번이나 나온다. 공자는 도덕적·정신적·문화적으로 뛰어난 사람을 군자라 했다. 사군자는 이런 군자의 속성을 지니고 있다. 매화는 이른 봄의 추위를 견뎌내고 꽃을 피우며, 난초는 깊은 산중에서 홀로 꽃을 피워 그윽한 향기를 풍긴다. 그리고 국화는 늦가을 추위를 이겨내고 짙은 향의 꽃을 피우며, 대나무는 한겨울에도 푸른 잎을 간직한다. 이런 모습이 바로 군자의 모습이다.

사군자를 잘 그리는 것은 어렵다. 학식과 덕망을 갖춰야 함은 물론 수많은 연습을 하고 시간이 흘러야 겨우 그림 한 장을 그릴 수 있다. 선비들은 사군자에서 난초를 가장 많이 그렸다. 난초가 지닌 덕목이 다른 사군자보다 많기 때문이다. 난초 그리기가 쉬운 것 같지만 무척 어렵다. 그래서 김정희는 사군자 중 난초를 그리는 것은 서예에서 예서를 쓰는 것처럼 어렵다고 했다. 예서는 한자의 옛 글씨체로 반드시 많은 공부가 뒷받침되어야 가능하다.

민영익은 어렸을 때부터 글씨를 잘 썼고 그림도 잘 그렸다. 특히 난초를 그리는 솜씨가 빼어났다. 당시 난초의 최고봉은 이하응이었다. 이하응은 묵란화에서 높은 경지를 보여주었다. 이하응의 난초 그림은 그의 호를 따서 '석파난(石坡蘭)'이라고 한다. 이와 쌍벽을 이루는 난초 그림이 '운미난(芸楣蘭)'이다. 이것이 바로 민영익의 난초 그림인데 그의 호를 붙여 그렇게 불렀다. 간송미술관은 민영익의 〈묵란(墨蘭)〉을 소장하고 있다. 미술관은 그의 이 작품을 다음과 같이 설명하고 있다.

"수직으로 곧추선 난 잎은 일정한 굵기로 나아가다 갑자기 붓을 떼어내어 뭉툭하게 처리했다. …… 마치 강철로 만든 회초리를 보는 느낌이다. 고고하고 청초한 맛은 떨어지지만 굳세고 단단하다."[80]

민영익의 〈묵란〉은 목숨이 경각에 달한 조선을 안타까운 마음으로 바라보는 선비의 심정이 그대로 담긴 그림이다. 그의 또 다른 난초 작품으로는 〈노근묵란도(露根墨蘭圖)〉가 있다. 이 작품은 끔찍하게도 뿌리가 뽑힌 난초를 표현했다. 미술평론가 오주석 선생은 이 그림을 중국 상해에 망명 중이던 민영익이 한일합병조약 소식을 듣고 망국의 슬픔을 못

이겨 뿌리가 뽑힌 난초를 그렸는데 그림의 난꽃은 눈물에 흠뻑 젖은 눈과 같다고 했다. 그림을 자세히 들여다보면 오주석 선생의 말이 옳다. 난꽃은 눈물을 머금고 있다. 민영익은 술을 마시며 세월을 보내다 결국 뿌리 뽑힌 난초(露根蘭)처럼 삶을 끝내고 말았다.[81]

조선의 마지막 화원 심전 안중식

심전(心田) 안중식(安中植, 1861~1919)은 고종 때 활동한 조선의 마지막 도화서 화원이다. 그는 고종의 어진과 황태자의 어진을 그렸다. 안중식의 스승은 장승업이다. 그는 스승의 전통적인 화풍을 그대로 이어받았다. 그렇게 해서 그린 그림이 〈풍림정거〉와 〈도원문진〉이다.

〈풍림정거(楓林停車)〉는 수레를 타고 가던 선비가 붉게 물든 가을 산을 보고 수레를 멈추고 내려 늦가을 만추를 구경하는 모습을 그린 작품이다. 연한 녹색의 첩첩산중에 붉게 물든 단풍나무들의 모습이 마치 풍악을 울리며 잔치를 벌이는 듯하다. 그리고 〈도원문진(桃源問津)〉은 나룻배를 타고 가던 한 뱃사공이 갑자기 펼쳐진 무릉도원을 보고 노 젓는 것을 멈추고 넋을 잃은 채 바라보는 모습을 그렸다. 노랑, 연노랑, 연두, 옅은 녹색, 짙은 녹색으로 점점 강하게 이어지는 컬러 퍼레이드가 장관이다. 두 작품 모두에서 스승 장승업의 화풍이 강하게 느껴진다.

안중식은 제자 양성을 위해 서화미술회 강습소를 열었다. 이곳에 들어와 공부한 사람이 청전 이상범, 심산 노수현, 심향 박승무, 소정 변관식, 이당 김은호이다. 앞의 세 사람 호에 '심(心)'과 '전(田)'이 들어있는데 이는 스승 안중식의 호 '심전(心田)'을 이어받은 것이다.[82] 이것만 보아도 안중식이 제자들로부터 얼마나 크나큰 존경을 받았는지 알 수 있다.

조선 정부는 문호 개방 직후 동도서기(東道西器) 개화 운동을 적극 추진, 외국에 대한 견문을 넓히기 위해 시찰단을 파견했다. 일본에는 김기수 일행을 수신사로, 박정양 일행을 조사시찰단으로 파견했고, 미국에는 보빙사로 민영익 일행을 파견했다. 그리고 청나라에는 김윤식을 영선사(領選使)로 삼아 38명의 학도와 장인을 파견하여 톈진기기국에서 무기 제조 기술을 배우도록 했다.[83] 안중식은 영선사의 제도사로 뽑혀 톈진에서 기기 제도법을 배우고 익혔다. 이때 배운 방법대로 그린 그림이 〈조일통상조약기념연회도(朝日通商條約紀念宴會圖)〉이다.[84]

서양식 연회 장면으로 커다란 테이블에 조선과 일본을 대표하는 통상 대신들이 앉았다. 좌측에는 조선 측 최고 대표, 우측에는 일본 측 최고 대표의 모습이 보인다. 이들은 화려한 의관을 갖춰 입었고 얼굴은 조선 대신을 향하고 있다. 조선 대신의 말을 경청하고 있는 것이다. 상에는 촛대, 수저, 양념 그릇을 비롯해 산해진미 음식들이 즐비하게 차려져 있다. 특히 가운데는 붉은색 꽃과 붉은색 과일이 놓여있어 양국 간의 친선을 돈독히 한다는 의미를 강하게 부각하고 있다. 그림은 전통적인 동양화 기법에서 벗어나 한장에 모든 설계 요소를 디테일하게 담는 제도(製圖) 그림 느낌을 강하게 준다.

법정 스님은 조선 시대의 그림을 즐겼다. 스님은 종종 화첩을 펼치고 그림 속 세상으로 들어가 감정이입을 하곤 했다. 어느 날, 스님은 예불을 마치고 뜰에 나가 중천에 뜬 새벽달을 바라보았다. 달 둘레에는 무수한 별이 떠 있었다. 밤새 개울물 소리에 씻겨 투명해진 새벽달을 바라보면서, 안중식의 〈성재수간도(聲在樹間圖)〉를 떠올렸다. 제목을 풀면 '나무 사이에서 소리가 난다'라는 뜻인데 스님은 이것을 다르게 해석해서 숲속에서 들려오는 소리라고 했다. 스님은 그림 풍경을 이렇게 풀어썼다.

"숲속에 사는 한 사내가 달빛 아래 누군가를 기다리는 듯 사립문 쪽을 유심히 바라보고 있는데, 찾아오는 이는 없고 바람만 휘몰아치면서 그의 머리카락과 나뭇잎이 심하게 나부끼고 있다." 그러면서 "어쩌면 그는 방안에서 바람 소리를 듣다가 밖에 누가 오는 듯한 소리를 듣고 문밖으로 나와 본 것인지도 모른다"라고 상상력을 보탰다.[85]

〈성재수간도〉에는 방 안에 불이 환히 켜진 집 한 채가 있다. 밤늦도록 공부하는 선비의 모습이 창호에 비친다. 마당에는 사립문 쪽을 향한 동자가 서 있다. 동자의 머리카락도 바람에 날리고, 입은 옷도 바람에 날리고 있다. 마당에 있는 대나무 잎들과 큰 나무의 잎들도 바람에 심하게 흔들리며 소리를 낸다. 집 뒤쪽 숲속의 나뭇잎들도 강하게 불어오는 바람 때문에 아우성이다. 사방은 온통 어두컴컴한데 환한 곳은 두 곳뿐이다. 방 안은 불빛으로 환하고 마당은 달빛으로 환하다. 그림에서는 스산한 가을바람 소리가 들린다.

안중식은 구양수가 지은 '추성부(秋聲賦)'란 글에서 성재수간(聲在樹間)을 가져와 그림으로 그렸다. 글의 내용은 이렇다. 구양자가 밤에 책을 읽다가 밖에서 나는 소리를 들었다. 그 소리는 마치 낙엽 지는 소리, 물결 소리. 파도 소리, 비바람 소리, 물건이 부딪치는 소리, 쇠가 우는 소리, 적진을 향해 달려가는 사람과 말의 소리 같았다. 그래서 동자에게 "밖에서 나는 소리가 무슨 소리인가?" 하고 물었다. 그랬더니 동자가 하는 말이 "달과 별이 환하게 빛나고 있고 하늘에는 은하

수가 걸려 있습니다. 사방에는 아무도 없습니다. 소리는 나무 사이에서 납니다(聲在樹間)"라고 했다.

내가 가장 좋아하는 안중식의 그림은 〈백악춘효(白岳春曉)〉로 백악산 밑 봄날의 새벽 풍경을 그린 것이다. 〈백악춘효〉는 작품이 두 개다. 하나는 여름을 그렸고 다른 하나는 가을을 그렸다. 그런데도 두 작품 모두 제목을 〈백악춘효〉라 붙였다. 봄 그림이 아닌데 왜 그렇게 봄을 강조했을까? 안중식이 이 그림을 그렸을 때는 1915년으로 이미 일제강점기가 시작된 때였다. 오백 년 왕업을 이어온 조선왕조가 슬프게도 막을 내리는 시기였다. 조선왕조의 새로운 봄날을 간절히 바라는 마음에서 그렇게 제목을 붙였을 것이다.

이 그림은 조선 진경산수의 마지막 작품이라고 한다. 여름 작품은 세로가 거의 2미터나 되고 가을 작품도 1미터가 훨씬 넘는다. 결코 작은 작품이 아니다. 큰 화면에 조선의 디테일을 가득 담았다.

새벽이다. 멀리 북한산이 보인다. 그 앞으로 백악산이 우뚝 솟았다. 산과 산 사이에는 거대한 구름이 한강처럼 도도히 흐르고 있다. 산 중턱의 커다란 바위는 옥새처럼 박혀있다. 조선왕조의 정궁인 경복궁은 의젓하고 경건하다. 근정전을 비롯해 강령전, 경회루가 질서 정연하게 보인다. 그 앞에는 경복궁으로 들어가는 남쪽 문인 광화문이 있다. 석축 기

안중식, 백악춘효(국립중앙박물관 소장)

단과 세 개의 홍예문이 있고, 목조 문루가 또렷이 보인다. 광화문의 모습을 위용 있게 그렸다. 일본의 철학자 야나기 무네요시는 '아, 광화문(光化門)이여!' 라는 글에서 "오오, 광화문이여! 광화문이여! 웅대하여라. 너의 모습, 지금으로부터 50여 년 전, 네 왕국의 강력한 섭정 대원군이 불굴의 의지로

써 왕국을 지키고자 남면(南面)의 명당에 너의 주춧돌을 굳게 다졌다. 여기에 조선이 있다고 자랑하듯이"[86]라고 표현했다.

야나기 무네요시가 표현한 대로 안중식은 광화문을 '조선이 있다고 자랑하듯' 그렸다. 그 앞에는 해태상이 두 눈을 동그랗게 뜨고 왕궁을 무섭도록 지키고 있다. 안중식은 벽돌 하나하나, 기와 한 장 한 장을 세어가며 그렸다. 그는 조선왕조의 마지막 화원으로서 종묘사직에 목숨을 바치듯이 〈백악춘효〉를 그렸다. 그림을 보니 문득 이상화의 "지금은 남의 땅-빼앗긴 들에도 봄은 오는가? 나는 온몸에 햇살을 받고 푸른 하늘 푸른 들이 맞붙은 곳으로 가르마 같은 논길을 따라 꿈속을 가듯 걸어만 간다"라는 시가 떠오른다. 안중식은 이 그림을 그리고 4년 후 쉰아홉의 나이로 세상을 떠났다.

주

1. 이윤기, 『이윤기의 그리스 로마 신화』, 웅진지식하우스, 2020, 440~443쪽.

2. 이충렬, 『간송 전형필』, 김영사, 2010, 138쪽.

3. 이충렬, 앞의 책, 139쪽.

4. 오주석, 『오주석의 옛 그림 읽기의 즐거움 1』, 솔, 2018, 64쪽.

5. 오주석, 앞의 책, 78쪽.

6. 한영우, 『다시 찾는 우리 역사』, 경세원, 2014, 281~282쪽

7. 이숙인, 『신사임당』, 키워드 한국문화 15, 문학동네, 2017, 17~33쪽.

8. 최순우, 『무량수전 배흘림기둥에 기대서서』, 학고재, 2008, 112쪽.

9. 유한준, 『신사임당 리더십』, 북스타, 2015, 159쪽.

10. 유한준, 앞의 책, 157~158쪽.

11. 로망 롤랑, 이정림 역, 『위대한 예술가의 생애』, 범우사, 1986, 119쪽.

12. 윤희순, 『조선미술사 연구』, 범우사, 1995, 123~124쪽.

13. 안휘준 외, 『한국의 미술가』, 사회평론, 2006, 72~74쪽.

14. 안휘준 외, 앞의 책, 90쪽.

15. 안휘준 외, 앞의 책, 74쪽.

16. 유홍준, 『화인열전 1』, 역사비평사, 2002, 27~28쪽.

17. 윤희순, 앞의 책, 124~125쪽.

18. 허경진, 『조선의 르네상스인 중인』, 랜덤하우스코리아, 2008, 113~115쪽.

19. 허경진, 앞의 책, 122~123쪽.

20. 유홍준, 앞의 책, 78쪽.

21. 유홍준, 앞의 책, 89~90쪽.

22. 유홍준, 앞의 책, 75쪽.

23. 이충렬, 앞의 책, 213~220쪽.

24. 유홍준, 앞의 책, 161~162쪽.

25. 유홍준, 앞의 책, 180쪽.

26. 안휘준 외, 앞의 책, 156~157쪽.

27. 안휘준 외, 앞의 책, 157~158쪽.

28. 안휘준 외, 앞의 책, 167~171쪽.

29. 로망 롤랑, 앞의 책, 116~118쪽.

30. 오주석, 앞의 책, 230쪽.

31. 오주석, 앞의 책, 225쪽.

32. 오주석, 앞의 책, 224쪽.

33. 오주석, 앞의 책, 231쪽.

34. 윤철규, 『조선시대회화』, 마로니에북스, 2018, 213쪽.

35. 안휘준 외, 앞의 책, 196~197쪽.

36. 안휘준 외, 앞의 책, 191쪽.

37. 허경진, 앞의 책, 132쪽.

38. 허경진, 앞의 책, 126~128쪽.

39. 박상하, 『조선의 3원 3재 이야기』, 일송북, 2011, 300쪽.

40. 윤철규, 『옛 그림이 쉬워지는 미술책』, 토토북, 2014, 181쪽.

41. 송희경, 『아름다운 우리 그림 산책』, 태학사, 2013, 206~207쪽.

42. 전인권, 『아름다운 사람 이중섭』, 문학과지성사, 2000, 107~108쪽.

43. 백형찬, 『빛나는 꿈의 계절아』, 태학사, 2015, 30~31쪽.

44. 유홍준, 『화인열전 2』, 역사비평사, 284~285쪽.

45. 법정, 『오두막』, 이레, 2010, 160쪽.

46. 오주석, 『오주석의 옛 그림 읽기의 즐거움 2』, 솔, 2006, 81쪽.

47. 법정, 앞의 책, 160~161쪽.

48. 유홍준, 『유홍준의 한국미술사 강의 3』, 눌와, 2013, 285쪽.

49. 한영우, 앞의 책, 362~363쪽.

50. 설민석, 『설민석의 조선왕조실록』, 세계사, 2016, 421쪽.

51. 한영우, 앞의 책, 366쪽.

52. 유홍준, 앞의 책, 247쪽.

53. 한영우, 앞의 책, 363쪽.

54. 최순우, 앞의 책, 131쪽.

55. 최순우, 앞의 책, 131쪽.

56. 이충렬, 앞의 책, 237~255쪽.

57. 박석무, 『다산 정약용 평전』, 민음사, 2014, 627~639쪽.

58. 박석무, 앞의 책, 476~477쪽.

59. 오주석, 앞의 책, 159쪽.

60. 송희경, 앞의 책. 126쪽.

61. 김정숙, 『그 마음을 그대는 가졌는가』, 아트북스, 2018, 225쪽.

62. 최순우, 앞의 책, 257쪽.

63. 허경진, 앞의 책, 142~145쪽.

64. 안휘준 외, 앞의 책, 280~282쪽.

65. 한영우, 앞의 책, 426쪽.

66. 김정숙, 『흥선대원군 이하응의 예술세계』, 일지사, 2004, 20쪽.

67. 김정숙, 앞의 책, 33쪽.

68. 유홍준, 앞의 책, 389~381쪽.

69. 유홍준, 앞의 책, 381~382쪽.

70. 김정숙, 앞의 책, 53쪽.

71. 김정숙, 앞의 책, 109~110쪽, 123쪽, 134쪽.

72. 김정숙, 앞의 책, 161~162쪽.

73. 김정숙, 앞의 책, 182쪽, 234쪽.

74. 윤철규, 『조선시대회화』, 마로니에북스, 2018, 324쪽.

75. 김정숙, 『그 마음을 그대는 가졌는가』, 아트북스, 2018, 147쪽.

76. 최열, 『화전』, 청년사, 2004, 69쪽.

77. 유홍준, 앞의 책, 356~358쪽.

78. 윤철규, 앞의 책, 327~328쪽.

79. 박차지현, 『청소년을 위한 한국미술사』, 두리미디어, 2005. 280~285쪽.

80. 간송미술문화재단 홈페이지 http://kansong.org

81. 오주석, 앞의 책, 176쪽.

82. 유홍준, 앞의 책, 412쪽.

83. 한영우, 앞의 책, 433~434쪽.

84. 유홍준, 앞의 책, 415쪽.

85. 법정, 앞의 책, 59~60쪽.

86. 야나기 무네요시, 박재삼 역, 『조선과 예술』, 범우사, 1989, 109쪽.

참고문헌

강명관, 『조선 풍속사 3』, 푸른역사, 2010.

강석진 편, 『예술을 사랑한 신사임당』, 레몬북스, 2017.

김정숙, 『흥선대원군 이하응의 예술 세계』, 일지사, 2004.

김정숙, 『그 마음을 그대는 가졌는가』, 아트북스, 2018.

로망 롤랑, 이정림 역, 『위대한 예술가의 생애』, 범우사, 1986.

박차지현, 『청소년을 위한 한국미술사』, 두리미디어, 2005.

백형찬, 『예술혼을 찾아서』, 서현사, 2009.

백형찬, 『빛나는 꿈의 계절아』, 태학사, 2015.

박상하, 『조선의 3원 3재 이야기』, 일송북, 2011.

박석무, 『다산 정약용 평전』, 민음사, 2014.

법정, 『오두막』, 이레, 2010.

서울대학교 박물관 편, 『오원 장승업』, 학고재, 2000.

설민석, 『설민석의 조선왕조실록』, 세계사, 2016.

송희경, 『아름다운 우리 그림 산책』, 태학사, 2013.

안휘준 외, 『한국의 미술가』, 사회평론, 2006.

야나기 무네요시, 박재삼 역, 『조선과 예술』, 범우사, 1989.

오주석, 『오주석의 옛 그림 읽기의 즐거움 1』, 솔, 2018.

오주석, 『오주석의 옛 그림 읽기의 즐거움 2』, 솔, 2006.

유한준, 『신사임당 리더십』, 북스타, 2015.

유홍준, 『화인열전 1』, 역사비평사, 2002.

유홍준, 『화인열전 2』, 역사비평사, 2002.

유홍준, 『유홍준의 한국미술사 강의 3』, 눌와, 2013.

윤철규, 『옛 그림이 쉬워지는 미술책』, 토토북, 2014.

윤철규, 『조선시대회화』, 마로니에북스, 2018.

윤철규, 『조선 그림과 서양 명화』, 마로니에북스, 2020.

윤희순, 『조선미술사 연구』, 범우사, 1995.

이선옥, 『우봉 조희룡』, 돌베개, 2017.

이숙인, 『신사임당』, 키워드 한국문화 15, 문학동네, 2017.

이윤기, 『이윤기의 그리스 로마 신화』, 웅진지식하우스, 2020.

이충렬, 『간송 전형필』, 김영사, 2010.

전인권, 『아름다운 사람 이중섭』, 문학과지성사, 2000.

정양모, 『조선시대 화가 총람 1』, 시공아트, 2017.

정양모, 『조선시대 화가 총람 2』, 시공아트, 2017.

조정육, 『조선의 미인을 사랑한 신윤복』, 아이세움, 2009.

조정육, 『신선이 되고 싶은 화가 장승업』, 아이세움, 2002.

최열, 『화전』, 청년사, 2004.

최순우, 『무량수전 배흘림기둥에 기대서서』, 학고재, 2008.

한영우, 『다시 찾는 우리 역사』, 경세원, 2014.

허경진, 『조선의 르네상스인 중인』, 랜덤하우스코리아, 2008.

국립중앙박물관 홈페이지 https://www.museum.go.kr

간송미술문화재단 홈페이지 http://kansong.org

프랑스엔 〈크세주〉, 일본엔 〈이와나미 문고〉,
한국에는 〈살림지식총서〉가 있습니다.

📖 전자책 | 🔍 큰글자 | 🔊 오디오북

조선의 예술혼

조선 화가 32인의 삶과 예술

펴낸날	초판 1쇄 2021년 12월 10일

지은이	**백형찬**
펴낸이	**심만수**
펴낸곳	**(주)살림출판사**
출판등록	1989년 11월 1일 제9-210호

주소	**경기도 파주시 광인사길 30**
전화	**031-955-1350** 팩스 **031-624-1356**
홈페이지	http://www.sallimbooks.com
이메일	book@sallimbooks.com

ISBN	978-89-522-4335-5 04080
	978-89-522-0096-9 04080 (세트)

※ 값은 뒤표지에 있습니다.
※ 잘못 만들어진 책은 구입하신 서점에서 바꾸어 드립니다.

054 재즈

eBook

최규용(재즈평론가)

즉흥연주의 대명사, 재즈의 종류와 그 변천사를 한눈에 알 수 있도록 소개한 책. 재즈만이 가지고 있는 매력과 음악을 소개한다. 특히 초기부터 현재까지 재즈의 사조에 따라 변화한 즉흥연주를 중심으로 풍부한 비유를 동원하여 서술했기 때문에 재즈의 역사와 다양한 사조의 특징을 쉽게 이해할 수 있다.

255 비틀스

eBook

고영탁(대중음악평론가)

음악 하나로 세상을 정복한 불세출의 록 밴드. 20세기에 가장 큰 충격과 영향을 준 스타 중의 스타! 비틀스는 사람들에게 꿈을 주었고, 많은 젊은이들의 인생을 바꾸었다. 그래서인지 해체한 지 40년이 넘은 지금도 그들은 지구촌 음악팬들의 많은 사랑을 받고 있다. 비틀스의 성장과 발전 모습은 어떠했나? 또 그러한 변동과정은 비틀스 자신들에게 어떤 의미였나?

422 롤링 스톤즈

eBook

김기범(영상 및 정보 기술원)

전설의 록 밴드 '롤링 스톤즈'. 그들의 몸짓 하나하나는 우리가 생각하는 것보다 훨씬 더 탁월한 수준의 음악적 깊이, 전통과 핵심에 충실하려고 애쓴 몸부림의 흔적들이 존재한다. 저자는 '롤링 스톤즈'가 50년 동안 추구해 온 '진짜'의 실체에 다가가기 위해 애쓴다. 결성 50주년을 맞은 지금도 구르기(rolling)를 계속하게 하는 힘. 이 책은 그 '힘'에 관한 이야기다.

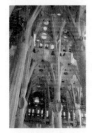

127 안토니 가우디 아름다움을 건축한 수도사

eBook

손세관(중앙대 건축공학과 교수)

스페인의 세계적인 건축가 가우디의 삶과 건축세계를 소개하는 책. 어느 양식에도 속할 수 없는 독특한 건축세계를 구축하고 자연과 너무나 닮아 있는 건축가 가우디. 이 책은 우리에게 건축물의 설계가 아닌, 아름다움 자체를 건축한 한 명의 수도자를 만나게 해 준다.

131 안도 다다오 건축의 누드작가

임재진(홍익대 건축공학과 교수)

일본이 낳은 불세출의 건축가 안도 다다오! 프로복서와 고졸학력, 독학으로 최고의 건축가 반열에 오른 그의 삶과 건축, 건축철학에 대해 다뤘다. 미를 창조하는 시인, 인간을 감동시키는 휴머니즘, 동양사상과 서양사상의 가치를 조화롭게 빚어낼 줄 아는 건축가 등 그를 따라다니는 수식어의 연원을 밝혀 본다.

207 한옥

박명덕(동양공전 건축학과 교수)

한옥의 효율성과 과학성을 면밀히 연구하고 있는 책. 한옥은 주위의 경관요소를 거르지 않는 곳에 짓되 그곳에서 나오는 재료를 사용하여 그곳의 지세에 맞도록 지었다. 저자는 한옥에서 대들보나 서까래를 쓸 때에도 인공을 가하지 않는 재료를 사용하여 언뜻 보기에는 완결미가 부족한 듯하지만 실제는 그 이상의 치밀함이 들어 있다고 말한다.

114 그리스 미술 이야기

노성두(이화여대 책임연구원)

서양 미술의 기원을 추적하다 보면 반드시 도달하게 되는 출발점인 그리스의 미술. 이 책은 바로 우리 시대의 탁월한 이야기꾼인 미술사학자 노성두가 그리스 미술에 얽힌 다양한 이야기를 재미있게 풀어놓은 이야기보따리이다. 미술의 사회적 배경과 이론적 뿌리를 더듬어 감상과 해석의 실마리에 접근하는 또 다른 시각을 제공하는 책.

382 이슬람 예술

전완경(부산외대 아랍어과 교수)

이슬람 예술은 중국을 제외하고 가장 긴 역사를 지닌 전 세계에 가장 널리 분포된 예술이 세계적인 예술이다. 이 책은 이슬람 예술을 장르별, 시대별로 다룬 입문서로 이슬람 문명의 기반이 된 페르시아 · 지중해 · 인도 · 중국 등의 문명과 이슬람교가 융합하여 미술, 건축, 음악이라는 분야에서 어떻게 표현되었는지 설명한다.

417 20세기의 위대한 지휘자　eBook

김문경(변리사)

뜨거운 삶과 음악을 동시에 끌어안았던 위대한 지휘자들 중 스무 명을 엄선해 그들의 음악관과 스타일, 성장과정을 재조명한 책. 전문 음악칼럼니스트인 저자의 추천음반이 함께 수록되어 있어 클래식 길잡이로서의 역할도 톡톡히 한다. 특히 각 지휘자들의 감각 있고 개성 있는 해석 스타일을 묘사한 부분은 이 책의 백미다.

164 영화음악 불멸의 사운드트랙 이야기　eBook

박신영(프리랜서 작가)

영화음악 감상에 필요한 기초 지식, 불멸의 영화음악, 자신만의 세계를 인정받는 영화음악인들에 대한 이야기를 담았다. 〈시네마천국〉〈사운드 오브 뮤직〉 같은 고전은 물론, 〈아멜리에〉〈봄날은 간다〉〈카우보이 비밥〉 등 숨겨진 보석 같은 영화음악도 소개한다. 조성우, 엔니오 모리꼬네, 대니 앨프먼 등 거장들의 음악세계도 엿볼 수 있다.

440 발레　eBook

김도윤(프리랜서 통번역가)

〈로미오와 줄리엣〉과 〈잠자는 숲속의 미녀〉는 발레 무대에 흔히 오르는 작품 중 하나다. 그런데 왜 '발레'라는 장르만 생소하게 느껴지는 것일까? 저자는 그 배경에 '고급예술'이라는 오해, 난해한 공연 장르라는 선입견이 존재한다고 지적한다. 저자는 일단 발레라는 예술 장르가 주는 감동의 깊이를 경험하기 위해 문 밖을 나서길 원한다.

194 미야자키 하야오　eBook

김윤아(건국대 강사)

미야자키 하야오의 최근 대표작을 통해 일본의 신화와 그 이면을 소개한 책. 〈원령공주〉〈센과 치히로의 행방불명〉〈하울의 움직이는 성〉이 사랑받은 이유는 이 작품들이 가장 보편적이면서도 가장 일본적인 신화이기 때문이다. 신화의 세계를 미야자키 하야오의 작품과 다양한 측면으로 연결시키면서 그의 작품세계의 특성을 밝힌다.

예술

(주)살림출판사
www.sallimbooks.com
주소 경기도 파주시 문발동 522-1 | 전화 031-955-1350 | 팩스 031-955-1355